贏在修正 不在預測

股市大贏家 II

10年暢銷增修版

陳進郎 著

目錄 Contents

推薦序

看盤現場有神靈

前 國巨電子大中國區業務總經理 史蒂華

年輕時，我覺得阿郎就是個看盤痴人。當時我自詡聰明，完全不想用這個痴笨的方法。天啊，耗費時間、耗費精力、守在電腦鍵盤前，用著時靈時不靈的技術指標，一次次跟自己的心力搏鬥。贏錢還勉強忍受，輸錢就是市場說的，不管多頭空頭，而我竟是枯坐在盤前的豬頭。

阿郎不但痴，還有點怪。第一怪是，他做股票是想賺錢，賺更多的錢。不像我，當時做股票的目的是要「花錢」，嘿嘿，每天想著從股票交

易賺了錢後要怎麼花錢？收盤之後，我形象化我的輸贏，看是多賺了兩台賓士，還是跟一台ＢＭＷ擦肩而過。

阿郎藝高人膽大，他常常說贏的時候要多贏大贏，借內種借融資來贏。我們明明看他是有錢人了，他還會計較不同券商的手續費。賺了錢，他卻很少添置什麼奢侈的行頭，從不在人前顯擺。

阿郎想賺錢大於想花錢思維，在大陸暢銷作家李笑來的《通往財富自由之路》書中竟然有完美的註解。李笑來說，「剛需」是人生的驅動力。

我把剛需——剛性需求——解釋成，「沒它會死」的需求。

李笑來說，大多數人賺不到大錢是因為把「花錢」當作剛需，而不是「賺錢」，很多人都夢想，等我發了財之後我就要……，無疑就洩漏了他們真正的剛需；這世上只有少數人「花錢是為了賺錢（投資）」，大多數人「賺錢只是為了花錢（消費）」！

看到這段文字，我彷彿被一槍斃命，對啦，阿郎花成本做內種做融

資，就是爲了更快速賺錢。他花錢是爲了賺錢，不賺錢會死。而我年輕時做股票是爲了花錢，還沒賺到錢就想花錢，我沒花錢會死。這這這……，竟然，我們做股票從一開始的目標就不一樣。

他的第二個怪是不給明牌的機車行爲。我們指望著他像股市老師一樣，給一個白刀子進紅刀子出的一檔他研究出來的賺錢明牌，但他極不乾脆。他眞建議股票時，會附上各種但書，如果這樣那可能會漲……，如果沒突破就要再觀望，他通常說看好就買一點，覺得有狀況就先出一點，這種建議完全違反人性，我們要的就是買了就要賺的快速答案，買一點賣一點是怎樣啦！這種建議跟沒建議差不多。

在我四處打聽明牌、到處參加投資顧問、理財講座，甚至買賣自己服務的公司，都虧損的呼天搶地後，我才了解阿郎不是不給明牌，是眞的給不出來。

這世上既然沒有長生不老藥，當然也沒有穩賺不賠的明牌。

他就算給我他看好的股票，他每天看盤就會依當時市場的反應做調整。而我這種伸手牌依賴別人的結論做股票的心態，因為沒有基礎，難免份外恐慌，就算賺錢，也只能賺個蠅頭小利，不能系統性的賺錢。

至於市場上，偶爾聽到的明牌，在死傷無數次之後，我終於體會，會流到我們這種市井小民都還聽得到的明牌，是人家咀嚼過的口香糖，你吃了不吐，算你身體好，哪還會有什麼滋味。

第三怪也是最怪之處，就是他看盤成痴。阿郎從民國七十六年當兵時就開始玩股票，一直到今天，他還是每天看台股盤，收盤再看期貨。阿郎看盤真是「你如何過一天就如何過一生」的實踐版。

我以前問他，你看盤是在看什麼？他會津津樂道的說同類股的盤中強弱差異，觀察有哪些個股或類股異軍突起，然後用自己的錢驗證。

本書中他自述，他每天辛苦做功課和看盤，出道五年才懂得操作。我問他什麼叫「懂得操作」？是賺錢嗎？他說是歷經多頭當飛起來的豬，再

經過空頭成為摔死的豬，在難熬的空頭市場中每天繼續看盤驗證技術分析，慢慢地建立了信心，有「多頭再來會有系統的暴賺」的預感，這才算摸到了「懂得操作」的邊緣。

我再問他，空頭市場看盤跟技術指標，怎麼知道多頭來了會暴賺？他說，錢賠到怕了，每天看指標眼睛都快脫窗了，有一天就把空頭排列的線型圖上下顛倒過來看，突然茅塞頓開，這不就是多頭的線型了嗎？

原來，日本經營之聖稻盛和夫說「工作現場有神靈」，之於阿郎則是「看盤現場有神靈」。看盤看到竟然還有倒過來看線型圖這招。

都說「山窮水盡疑無路，柳暗花明又一村」。不管有沒有賺錢，阿郎樂此不疲，盯著每天的盤勢，繼續操作股票，他操作的不是股票，他操作的是人生啊。

阿郎看盤看到放假很空虛。他說放假技癢無處看盤，農曆年長假更無聊。等到他開始做期貨，台股收盤之後繼續做期貨，長假也看期貨盤，

他很開心可以填補假期的空虛，還可以用期貨的做多做空來保護現貨市場的部位。當年我們一群朋友到郊外跑山，偶爾參與的阿郎會自嗨地比對起伏的山陵線跟他看盤的股票技術線，其實誰也聽不懂他的什麼技術線，倒是心裡默默升起了三條線。

當年阿郎服完兵役到投資公司應徵，他告訴老闆，只要讓他來投資公司上班做股票，沒薪資他都願意。科學家法拉第說，工作的最大報酬就是工作本身。套在阿郎身上就是，做股票最大的回報就是做股票。我們看看身旁各行各業的成功傑出人士，不都是專注聚焦心無旁騖。

他在書裡分享的心法跟方法，跟各行各業箇中高手一樣，都是「沒有奇蹟，只有累積。」

我在阿郎身上學習到的不只是投資股票，還有從實踐當中累積出知識經驗敢放手一搏的自信。你，找到了你生命中只要做就是最大的回報的重心了嗎？準備開始累積了嗎？

謝辭

我的上一本書，原本只是想對自己二十年來的投資生涯做一回顧與整理，並一圓年少時的作家夢，沒想到推出後造成轟動。感謝讀者的支持，讓我有寫這本續集的動力。

這本書中的每一課都修正超過五十次以上，我和怡甄反覆討論了五年多，怡甄尤其不解的是：我在《今周刊》發表過而讀者反應還不錯的一些文章，為什麼還要一改再改？但她總是隨時挪出時間來配合我。十年後增修版又一改再改，截稿前，我向她道謝，「願妳以後每天都有男人疼」，她回說：「那你要常幫我燒好香。」

本書部分線形圖的編製，非常感謝財金文化事業資訊部提供。

我要感謝夏富家小姐、李紅玉小姐、蔡雱齡小姐、李必勤先生、許淳琪小姐、楊之瑋小姐、楊龍惠先生和陳信凱先生，對我寫作上的指導。我還要感謝元富證券林瓊華小姐，在怡甄接手之前，都是她幫我打字。

最後，我要感謝蘇佳玲小姐對我提出很多操作上的建議，早在民國九十六年底她就建議我多做些期指，還幫我找了手續費比我原來那家低很多的期貨商。我大舉操作期指後，體會了《股票作手回憶錄》一書的精髓：

「你希望盲目賭博，期望獲得龐大的利潤，還是希望聰明地投機，得到比較小、但是可能性大很多的利潤呢？」提高勝算靠經驗，要等自己過去證實有高勝率的買賣訊號出現再下手；雖然每次投機的獲利率較低，但通常投機會比投資的次數頻繁，何況我們可以像書中所說的，「追求用足夠的量，來賺取確定的鈔票」。

我體會到，沒有什麼能替代實戰的歷練。對積極操作者而言，交易成本降低，長期省下來的錢可能是很大的數目。像買進和賣出價都是一八○元的長榮，我買賣一張現股的交易成本是六一七元，但做股票期貨只要三十四元；此外，要大賺則需要操作額度的彈性要夠大，在正確時機玩很大。股票期貨的槓桿通常可以放大六倍，還免利息。對於股票期貨交易活

絡的個股，我覺得投資人如果喜歡玩短線，卻不同時操作現股和同標的股票期貨，實在太可惜。

股票操作不只是打機遇戰，還需要布局。例如，通常權息值很大，而且除權息前並未有明顯漲勢的股票，因為除權息後股價一下子掉很多，很可能填部份息，尤其是市場的熱門股。像民國一一二年，長榮配息七十元，殖利率可能是台股空前絕後的百分之四十五，而除息前股價淨值比不到六成，除息後填部份息的可能性很大，但對想多買一些長榮的人，考量到即使分離課稅，稅率百分之二十八，買一張長榮要付一九‧六元的稅，可能因而卻步。這時候聰明錢就該在長榮除息前布局免所得稅的股票期貨。

此外，民國一一三年一月二十二日，期交所開放台積電股票期貨夜盤交易，讓想操作台積電現股的人，幾乎可以全天候用股票期貨避險，提升了他們進場的意願，台積電股價也正巧在前一交易日大漲，從此展開波段行情。

做股票沒有肯定的答案

自序

輸家把股市當機器，把操作原則當使用說明書，照搬過來硬套

贏家把股市當作有生命的物體，隨著市場的情緒做修正

一般投資人害怕面對股市的不確定性，總要等到證據很充分或必須藉由別人的保證才敢下手，因而不能及時應變。做股票沒有肯定的時候，不能套用公式，大盤是多是空或個股孰優孰劣，我們頂多知道怎麼樣的機率比較高，只要有一定的勝算，我們就可以出手，否則等局勢明朗，股價已令人買（賣）不下去；也不能堅持自己的預測，而應該「因時而變，因事而變」，一步一步見招拆招。

經常操練才能變得機靈

操作是一種概念，有很大的自由度，操作的精髓在於要靈活應對，並適時修正。如果我們一開始就被各種制式概念所框住，像「投資比投機安全」，以爲怎麼做才是正規，就找不出適合自己的另類答案。投資偏重於價值，是買進績優股做長期規畫；投機偏重於價格，不局限於買進投機股，而是買進即將上漲股。如果少碰悖離基本面太多的個股，投機相對容易成功。因爲相對短時間的基本面和技術面較容易掌握，而且投機的重點在機動性，實戰的機會多，技術較能持續精進。

其實，如果不是出於衝動或是在賭一種成敗各半的機會，而是有所依據，「殺進殺出」也不是不可以，甚至可以讓我們愈來愈能掌握出手的穩定性，清楚何時該收、何時該放。

《股票作手回憶錄》一書提到投機是：「不追求長線，只追求確定的鈔票。當然時機適宜時，做長線也很好。」書中提到的確定時機，例如在

股價突破狹幅盤整的上限後買進，股價跌破狹幅盤整的下限後賣出。但我們較常聽到的是周遭朋友原本想投機卻因為套牢硬拗到底，而淪為投資，尤其當股價已經做頭而景氣還沒到頂時。要做長、做短，或要抓住相對確定的鈔票，就要有基本面和技術面的依據。我們不要因為重視基本面而貶抑技術面，雖然股價終究要回歸業績等基本面，而且基本面愈好愈能保底，但因為後續的營運經常不明朗，大家也不確定市場願意給予幾倍的本益比，加上人氣和籌碼的聚散，股價常漲（跌）到不合理甚至離譜，為了增加判斷依據，所以還需要技術面來抓重要買賣點。

抓投資大眾的心理，早一步下手

經濟學家凱因斯巧妙地把股市的短期投資比喻為由報紙主辦的選美，從一百張照片中猜出哪六張臉孔得票數最多的參賽者，便可獲獎。這代表了對股市最高明的看法：要把智力用在推敲別人會有什麼看法。我們尤其

要用對市場有影響力者的眼光來看問題，不應去挑自己認為真正最好的股票，而是去挑那些最可能獲得主要買盤青睞者。

技術分析反映市場心理，用來推敲別人會有什麼看法。技術分析之所以有用，是因為人性不會改變，所以歷史經常重演；而技術分析的盛行，不但讓歷史更可能重演，還對行情助長助跌。數學大師貝諾・曼德伯曾提出，今日的價格變動會受到很久以前的歷史所影響。用技術分析的觀點來看，是因為有相當多有實力的人利用技術分析來研判別人的看法，當他們相信大多數運用技術分析的人也認為接下來歷史會重演，大家不約而同地選同一邊站，於是歷史真的重演。因此，六十日線之所以遠比五十五日線好用，是因為大部分人都用六十日線來看趨勢，而不是用五十五日線。

應用在波段行情中大致正確的原則

因為技術分析是原則，不是定理，要測試某一項原則，我就必須找例

子，我雖然很容易找出實際發生過的走勢圖來附和，但這項原則在我沒舉證的例子中，卻可能大多是錯誤的。所以，我要從龐大的經驗值中，選擇大致正確的原則。但這又涉及到一個問題：有些股價處於區間整理時會讓我們賺到小差價的原則，例如，「在股價漲到近期高價時賣出、在跌到近期低價時買進」的原則，在波段漲勢（或跌勢）正要展開時，卻會讓我們錯過一整段行情（或多賠一大段）；反之，有些在波段行情時很好用的原則，卻不適用於股價處於區間整理時。我注重的不是在股價盤整時大致正確的原則，而是在大漲或大跌行情正要發生時大致正確的原則。

此外，我們在研判行情時，還需要靠所謂的「直覺」。直覺雖然也是經驗的累積，卻超越了呆板的邏輯，需要更敏銳的觸角和更重視細節。這種跳躍式的思考，才能應付股市跳躍式的變化，讓我們早一步下手。例如，某檔股票波段高點的反壓是五十元，當它的股價來勢洶洶，逼近當天的漲停價四十九元，外盤來到四十八．九元時，我在報價螢幕上彷彿已經

看到五十一元，但我知道這不是我內心的期盼，而是經驗對我的呼喚；因此，我必須用市價立刻買進，以免等隔天它開盤跳空直上五十二元時，就不太好買。萬一走勢不如預期，我再考慮減碼。

對於操作原則，我們還可以舉一反三，比如說，把適用於大盤的原則推廣於個股，或是看能不能把適用於跌勢中的操作原則推廣到漲勢中，反之亦然。例如，指數或股價創新高後，該強不強，又跌破突破前的高點，則應該考慮減碼；同理，指數或股價破新低後，該弱不弱，又站上跌破前的低點，則應該考慮加碼。

做股票之所以好玩，因為交易者總是活在懸念中

在股市，我們無可避免地會用到「確認」一詞，但實際上，我們很難確認什麼，比如說，頭（底）部、漲（跌）勢是否形成，只能說股價往哪個方向走的機率更高了。此外，給自己一個虛幻的目標價，反而把自己限

制住了。我認為波動幅度很難預測，我從不設定目標價，我讓市場決定股價會漲到哪裡，大多時候一有看來更會漲的標的，我就分批轉進。

重點是我們如何及早發現股價的重大轉折，並在覺得有把握時敢大手筆進出，就算不能明確地抓出轉折點，至少要隨著漲勢（或跌勢）的逐漸明朗而逐步加碼（或減碼）。在盤中零股可交易後，即使持股只有一張，也可以分批出脫。

因為差一點點時間下手，股價有時差很多，為了能當機立斷的回應，所以我要盯盤。尤其在重大轉折或玩很大時，在螢幕前的我就像藏在戰壕中的士兵那麼全神貫注，即使盤勢好得超乎預期，也不敢掉以輕心，就怕空頭來個回馬槍。在盤中，我不喜歡朋友傳來類似「我看好的××股票，少賺好多錢」、「恭喜你的××股票大漲」等帶有感情或純粹在看戲的簡訊，或是「誰在這一波買××股票賺了多少錢」這種別人吃麵你在喊燒的簡訊，而且，也不需要羨慕別人賺大錢，我們要有自己的步調。

有時在出現突發利空的開盤前，我如臨大敵，但只要盤一開，股價開始跳動，我忽然覺得比較自在，因為該怎麼做我就怎麼做。就算我要賣的某檔股票量縮跌停賣不掉，我緊張也沒用；而即使是大盤崩跌，我要賣的股票大多賣不掉，我還可以放空台指期來降低多頭部位。

學習抓住股市的規律性，但也要適應股市的善變

我曾經想過，一位明天即將開演唱會的歌星和一位明天即將出賽的職業網球選手，假設觀眾的人數差不多，誰面對的壓力較大？我想應該是後者。因為比賽有輸贏的壓力，而且比賽不能彩排、套招，勝負看臨場發揮。股市如球場，後市不是誰說了算，只能自己看著辦。做股票時大家都在摸索，沉浸在市場比較久、摸索次數比較多的人，就比較抓得住市場的氛圍，較可能大賺小賠。我在股市長期駐守，我相信如果你在市場冰冷時離它而去，那麼你在它狀態火熱時會來不及參與。

在股市歷練多年後的今天，我更體會到，股票交易者如果見多識廣而更能抗壓，就像職業網球選手如果能提升到用開演唱會的心情來面對大賽，更能得心應手。像「英國希望」莫瑞經常被譏笑為「只是個希望」，他四度闖進網球大滿貫賽決賽，但從未拿過金杯，其中三次敗給世界球王費德勒，外界認為他在大賽時會怯場。二〇一二年倫敦奧運，他在晉級男單決賽後，儘管對手正是四星期前才在溫布頓決賽擊敗他的費德勒，但他似乎愈來愈適應大比賽，突然變得很有自信並靈光閃現，說出了令人讚歎的話：「球場上的氣氛非常不可思議，和溫網不一樣，這回不像網球比賽，更像一場演唱會。」結果，他出人意表地以直落三擊敗費天王；延續奧運金牌的氣勢，一個月後，在美國網球公開賽，他終於拿下生涯首座大滿貫冠軍。

第一篇

相信自己，才能隨機應變

第1課 從人生谷底爬起來

輸家錯失重大勝利後耿耿於懷

贏家錯失重大勝利後痛定思痛

我唸建中高一時，班上成績最好的同學都志在醫學系或台大電機，高一結束前的分組，班上甚至沒有人要唸社會組，當時隱約覺得商學可能是競爭較不激烈的領域。在股市闖蕩多年後，我不敢說做股票相較其他行業競爭較不激烈，但因為大多數參與者不把它當成是一個行業，只是在玩股票，而即使是專業操盤者，也有很多對做股票不是真的有興趣或只想走捷徑，所以我認為，如果你對做股票充滿狂熱且願意為它付出，也用對方

法，即使沒唸過大學，還是能取得成功。

唸研究所時，我原本規畫走行銷路線，但入伍後一接觸股市，就清楚了自己的前路，部隊生活也頓時從黑白變彩色，不管多忙，我每天都要抽出時間研究股票，把每一天都利用到極致。當兵時，我盡量在股市交易日輪休，回台北看盤，可惜一週最多只能一次，每次要離開號子時都依依不捨；但想到退伍後每個交易日都能看盤，心裡有一種幸福的感覺。

從玩票到把做股票視為我的唯一出路

退伍前夕，我當記者的哥哥向他任職的報社主管推薦我當證券記者，我搭同事的便車，從部隊駐地回台北應徵工作，在高速公路上發生重大車禍，錯失了當證券記者的機會。在復健期間，我到一家即將成立的證券公司應徵分析師。找到臨時籌備處的面試地點，那裡沒有電梯，樓梯又陡，我不敢用拐杖；顧不得別人異樣的眼光，我一屁股坐在第二個台階，手腳

並用，一階一階地把身體「挪」到四樓。拄著拐杖進去應徵時，主考官瞄了我的腳一眼，和股市相關的問題連問都沒問，閒聊幾句後，我又得爬下四個樓層的樓梯。

拐了幾個彎，我終於如願在一家新成立的投資公司找到工作。我很感謝公司董事長在我還是年輕的新手時，讓我在退伍後得以投入事後證明是最適合我的操盤工作，省了很多在職場摸索和換工作的時間。我知道很少人能得到這樣的操盤機會，但在機會來臨前，我從不間斷地做準備，就算在車禍受傷後開完刀沒多久，我就忙著聽行情廣播並下單，忘了手術後的疼痛。

做股票讓我開心，能賺錢更是加分

記得當兵時第一次到號子朝聖，擠在萬頭攢動、人聲鼎沸的營業廳，感受到自己正和全台灣的人一樣緊盯著相同股票的波動，意識到鈔票正快

速地在每位參與者的口袋之間流竄，我激動不已。站在身旁的一位中年人似乎感受到我的激情，和我聊了開來。

他提到他的爸爸在股票套牢時茶飯不思，整天躺在床上咳聲嘆氣，他說：「套牢比生病還難過，在想像成功前，要先想想自己輸不輸得起。」

我以為的金銀島是他的侏羅紀世界。但那時的我躍躍欲試，而市場也蠢蠢欲動，只覺得他想太多了。直到我在股市的陰溝裡翻船，才領悟到這番話正是一位過來人的肺腑之言。

民國七十七年中秋節爆發證所稅事件，民國七十九年崩跌一萬點，我在那兩個年度都還賺錢，直到民國八十九年的總統大選，股市從二月的一○三九三點跌到年底的四五五五點，幾乎整整跌了一年，我才首嘗敗績。

做股票沒那麼多「要是」

在隔年二月指數反彈到五五○○點時，我想民國八十九年已經跌了五

八三八點，四五五五點的底部應已得到確認，就大舉進場，沒想到指數在反彈至六一九八點後拉回破底，跌到三四一一點（見 P.352 附圖）。

當時我也知道大投機家傑西・李佛摩曾告誡投資人，被追繳保證金時，要立即結清所有的交易，而且根據我長期的觀察，持股第一次融資追繳時，通常股價還會再下跌一段。但當時接到融資追繳令，因為持股實在是跌太深，賣不下手，我決定籌錢補繳；不料，在三天內連續被追繳了兩次。那幾天收盤後，一聽到電話響就心驚膽跳，不知道是明天先到還是追繳令先到。

雖然賺大錢不是我進股市的初衷，但等賺到大錢又賠了一半回去，我卻無法釋懷，一直去想，自己最多曾賺到多少錢、為什麼在高檔不急流勇退？我覺得，沒賺過大錢可能不會那麼令人遺憾，最令人遺憾的是曾經擁有卻留不住，即使那只是帳面上的獲利；尤其當行情急轉直下，短短幾天的時間恍如隔世，我覺得自己已經從生涯的最高峰要走下坡路了，覺得賠

掉的錢再也賺不回來，甚至懷疑以前是怎樣賺到錢的，滿腦子「要是……就好了」。

刀鈍石上磨，人鈍事上磨

看了路易斯・薩奇爾的小說《洞》，書裡的一首歌令我感觸良多。

「要是，要是，」啄木鳥嘆息道，

「樹上的樹皮能夠柔軟一點兒多好！」

而樹底下等待的狼，飢餓又寂寥，

牠對著月—月—兒狂嘯，

「要是，要是……」

要是，要是，那月亮沒有答腔；

只是反射陽光和一切過往。

我疲倦的狼啊要強壯，

要勇敢地再來一趟。

……

在股市找機會的人就像四處尋找獵物的狼，由於環境、資訊和自身條件的限制，還要面對可能比自己更具競爭優勢的對手，很多事物常常不能手到擒來，如果又是倉卒間或不經意做出的決策，碰運氣的成分更大。能如願以償最好，但事與願違時，我們也不必馬後炮，而是要一遍又一遍地嘗試。

《論語》：往者不可諫，來者猶可追

除了面對事實，我們還要訓練自己的推理和應變能力。尤其對於會一再碰到的重要抉擇，我們不能只是即興演出，而是要一邊借鏡過去的經驗，一邊質疑自己怎麼做會更合理，不斷摸索出一套更合時宜的應對模式，這樣才能把不理性和運氣的成分降到最低。而且，我們的技巧要多樣

化以提高勝算，可以從消息面和基本面選股，用技術面把關；也可以從技術面選股，用基本面把關。

我們在生活中碰到的事即使會改變，也常是漸進式地改變，就像季節的變化，因此，只要觀察一陣子或聽別人經驗傳承，我們就足以應付。但股市的跳躍性很大，只占少部分時間的大起大落，卻決定了我們的成敗，所以，我們需要花很長的時間，透過大量的實戰經驗來驗證想法，參考經驗，卻不過度信任經驗，而是依當下盤勢臨場反應。這樣即使不能每次都穩操勝券，也有一定的穩定性。

操作不順時，我們難免自責「早知道就⋯⋯」，但如果能將自責轉換成自省，從過去犯的錯反省出對的構想，然後從市場上測試出實用的原則或心得，把它記在筆記本上，等下次碰到類似的情況，就很可能會讓自己「早知道」。

例如，民國八十九年起的大跌，讓我學到了「不要預設立場」。在民

國八十九年的大跌之前，多頭已走了九年多，指數已大漲了八千點，難怪隨後在一年七個月內一口氣跌掉七千點。民國九十七年雷曼風暴時，我也沒想到股市會跌那麼慘，只知道先前股市同樣已經漲了六年多、漲了六千多點，在回檔的過程中，我學乖了，不去猜測底部在哪裡，即使進場搶反彈，也適可而止，所以沒有愈套愈深。

此外，我們在層次提升了以後，會更有定見，比較不會因為別人起鬨、惑惠而跟著一窩蜂，去冒未經算計的風險。我發現，如果我們本來的想法是對的，卻被別人誤導，更教人悔不當初。

有實力的人終究要爆發

我發現，不但賠錢的事要慢慢適應，連賺錢的事也要慢慢適應。根據我的觀察，賺錢時愈亢奮的人，賠錢時愈沮喪，這些情緒容易在兩個極端之間擺盪的人，常把自己折騰得筋疲力盡，風險承受能力差，通常功力平

平。高手自知可以達到的境界，所以篤定，在賺錢時不會沖昏頭，在賠錢時不會急著報仇。

雖然我們很難不隨著賺賠而影響心情，但如果我們積極進出，更頻繁地體驗輸贏，對金錢的來來去去就比較不會那麼在乎，甚至會覺得人生有些波折也好，才不會把美好的事都視為理所當然；也會知道股市的競賽沒有終點，而且市場的變化很快，這一回合才剛宣判，下一回合又隨即開打，哪有時間沉溺在自己的情緒。

提升了實力，我們或許會懷疑「未來還有大行情嗎？」答案是肯定的。記得在我退伍前半年，台股行情正如火如荼地展開，當時媒體最愛報導，這是投資人一輩子只會碰到一次的大行情，我心急如焚，恨不得馬上就退伍。但現在想來，就算我提前退伍，而在股市多賺了錢，後來也會賠回去，因為我的功夫還不到家；反觀，等我儲備了實力，雖然後來的幾個行情只有一個更大，但我更加成熟的技術和心理，讓行情都變得更大。

一路走來，我總覺得冥冥之中自有天意。我在投資生涯早期還沒玩很大時就破產，及早發現自己的不足；在約略懂得技術分析後不久，就有長達七年的大多頭行情讓我練兵；在第一次賺到大錢後又賠了一半回去，提醒我得意了不要忘形。當然，我在做得很差時也會懷疑自己是不是走上了不歸路，但一想到如果我不是做股票而是做別的行業，也不會有更好的境遇，就覺得沒什麼好抱怨的。

第2課 面對現實，才能覺醒

贏家檢討自己，尋找出口

輸家檢討別人，尋找藉口

正如作家楊照引述他老師的話，「教會你評斷自己會還是不會，比光是教會你更重要一百倍！」如果我們不能評斷自己所從事的工作做得好不好，再喜歡的工作也會變得乏味，因為我們不知道自己有沒有進步，不能從中得到激勵或警惕。還好，股市每天都有收盤價，我們很容易衡量自己的實力。有些人剛出道就碰到大多頭市場，隨便買隨便賺，誤以為自己很厲害，但就像一位網友說的，「用運氣贏來的，會用實力輸回去」，只有經

歷過跌勢市場，才能體會到股市的凶險，才有可能被逼著改變自己。

痛過才能領悟

也有一些人長時間以來的操作績效不理想，但為什麼不替自己打分數，甚至還自我感覺良好呢？這可能是他們只會歸咎於別人或是和市場理論，也可能是對紛飛的市場消息及明天的走勢太過關注，或忙著和股市同好討論，不能靜下心來反省和思考；或覺得自己差一點就做對了，而讓過錯不斷累積。他們在大多數的失利當中，也偶爾會賺點錢，這讓他們覺得自己沒那麼差，要是他們一勝難求，或許會及早認清事實。

也有可能他們看出自己的玩法有問題，卻看不出問題所在，更不知如何走向正道；或是，他們有一定的實力，卻不遵守紀律。比如說，他們知道在某種線形結構下股市可能大跌，但如果有一次因為心存僥倖，在出現這樣的線形時沒有賣股票，結果反而賭對了，就會強化錯誤的行為，他們

此後可能就不會遵循這項原則來賣股票。

此外，讓我們不能認清事實的，還包括以下兩個原因。

一、我們分不清楚自己要短中線投機，還是要長線投資。通常，投資的週期比投機長，但一般投資人在操作時毫無策略可言，有賺就做短線，被套就做長線。我認為投機客的最大悲哀，是因為被套牢而淪為長期投資，就像大陸順口溜把「炒股炒成股東」和「炒樓炒成房東」、「泡妞泡成老公」並列為人生三大憾事。我認同巴菲特和彼得・林區「股價長線的命運取決於每股盈餘」的觀點，也認同科斯托蘭尼「股價短線的命運取決於市場心理」的觀點，我認為做長線要特別重視基本面，做短線要特別重視技術面。

一支持股跌了一段，價值型投資人在深入而有系統地評估基本面後，如果情勢沒有變化，他們不但不會賣，反而會逢跌加碼。但投機客認為基本面情勢很難評估，股票也沒有明確的真正投資價值，價格主要決定於市

場情緒，他們根據技術分析來衡量市場心理；一旦股價無故跌破重要支撐，他們認為，如果不是市場有問題，就是這支股票背後有少數人知道但你不知道的問題，這是出脫的時機。

在跌勢中，一個想搶差價的投機客，原本應該效法李佛摩，等到股價反轉向上後才積極進場，但是當他看到股價跌深，卻學習巴菲特，採行價值投資法，因為他的口袋不夠深，對持有的公司也不夠了解，他買進後在股價持續重挫時撐不下去，就會掙扎著要不要認賠殺出，亂了節奏。

看得太遠，對當前事物就會麻木

我們必須針對自己的資源、個性和特色，釐清自己是要以基本分析為主來長線投資，還是要以技術分析來短線投機。有些原本做短線的人，在經過一段期間頻繁地進出後會發現，如果不知道技術面短中線的趨勢，操作時就沒有方向感，而會忽買忽賣，到手的飆股也很容易被洗掉，即使賺

到差價，還不夠支付交易成本，所以他們的作法會從短線變成短中線。

我對交易的態度是，不管短中線投機或長線投資，能讓我們多賺到錢的就是好方法，但經過我的觀察，短中線操作的確比較可能讓我們多賺到錢。這不只是因為長期的事比短中期的事更難捉摸，或是經濟基本面的長期趨勢比群眾心理更難預測，而且是因為做短中線時我們會提高警覺，像凱因斯就認為投機比投資安全，因為投機者知道自己在冒風險，而投資者不知道。

雖然做短中線投機時，如果股票沒出現賣點，一樣可以擺長，而做長線投資時，如果情況不對，也要做短線修正，但如果先釐清自己要做短中線投機，我們會對短期績效很敏感，會對當前發生的事提高警覺並處處設防，在走勢不對勁時，比較不會用「要做長線」來規避賣股票的問題，也多出了很多測試交易系統的機會。

反之，做長線時，我們因為無法得知自己的方法能不能奏效，或因為

對自己的方法太有信心，如果短期內帳面表現不理想，我們常會告訴自己「這只是暫時的」，會繼續等待情況好轉，即使自己做錯了，也不知道該修正。

股票是用來玩的，不是用來愛的。持有股票時，我基本上認同作詞家林夕在《愛情轉移》中的歌詞，「短暫的總是浪漫，漫長總會不滿。」像我這樣的投機客，一檔股票如果放了一年，通常不是投資，也不是股票還沒出現賣點，而是被套牢。

二、我們的「知道」是事後才知道，不是事前就知道。我們在事後都準確地知道某支股票應該如何地買低賣高或一路長抱，會很正常地反問自己，當時為什麼不堅決地這麼做？「後見之明」最大的問題是讓我們高估了自己的預測能力。

像以前在跌勢中，在看盤時，我這一刻還在後悔為什麼不照自己剛才的想法賣某支股票，等該股當天又跌了一些，除了懊惱，我又想到是不是

要出一些，但仍舊沒出；隨著股價愈走愈低，我當天一再地自責。收盤後為了走出悲情，我安撫自己：「從今以後，決不再犯這種猶豫不決的錯誤。」可是言猶在耳，隔天我覺得該賣點什麼，卻依然什麼都沒賣。

在跌勢中，我常覺得自己很無能，但等到股市又活過來，我又覺得自己無所不能，一切操作上的問題也跟著煙消雲散。直到下一波跌勢來臨，我陷入同樣的窘境，過去失敗的種種又湧上心頭。幾經折騰，我終於明白，原來我的問題不只是心理面「該怎麼做而沒做」，而是「後見之明」讓我把做股票看得比實際還簡單。

有了功力，才能談紀律

當股市開始大跌，我總以為自己早就料到了。有一次，我一如既往地在事後自責，「為什麼不賣一些股票？」突然靈光一閃，不對呀，如果我在大跌前真的那麼有把握，我應該後悔的是「為什麼不出清持股？」甚至

是「為什麼不反手放空？」

雖然不遵守操作紀律是不對的，但我的問題不全然是不遵守紀律。如果在事前我把想要進出的股數逐一記下來，想要賣的數量其實很有限，有時我甚至更想要加碼呢！很顯然地，當時我雖然感到不安，卻還抱著期望，認為低檔很有限，害怕賣掉股票後它們會漲上來，所以捨不得賣。在這個階段，「該賣而未賣」的原因不是我不遵守紀律，而是我功力不夠，看不出頭部已形成。

等到跌勢明朗，我看出了頭部，卻因為股價離最高點已有一段差價而賣不下手，儘管有時我也會掛出一些股票，但由於對先前錯過的高價念念不忘，我掛出的價位高得不太可能成交，我為了給自己一個交代而做做樣子，結果斷送了逃命的機會。在這個階段，「該賣而未賣」的部分原因是因為我不遵守操作紀律，但也有一部分的原因是我的實力不夠，看不出下檔還有很大的空間。

我領悟到，就像有些二人之所以會跳入股市，是因為他們在往回看的時候，總以為自己早知道股市怎麼走，只是沒去做，我也沉浸在自己所想的世界裡。在每一天的看盤當中，我在腦海中想要怎麼做的念頭可能就有上百個，但是，沒付諸行動的念頭就是雜念。

何況，我的想法經常只是一閃而過或反反覆覆。雖然在事後證明我有的想法是對的，但我可能很快又想到了什麼而把這個對的想法給否決，甚至想反過來做。我總是本能地在事後認為，自己應該那麼做是順理成章的，而忘了做抉擇時的兩難，忘了其他和結果相違背的預測。甚至，我在事後覺得該怎麼做而沒做的念頭，在事前其實想都沒想過。

差的恐怕不只「一點」

如果我們只用想的而不去做，將會發現每次離成功好像都很接近，但永遠差那麼一點點；如果我們從行動中察覺自己的功力還差得遠，雖然從

「每次都幾乎做對」到「幾乎每次都做對」，還有很長的路要走，卻比較可能走向正軌。

此外，雖然做記錄能讓我們追蹤自己是不是早知道，但做記錄不等同於實際行動，因為下單時有輸贏的壓力。有壓力，會讓我們失去準度。因此，即使做記錄後顯示自己決策的成功率很高，仍要真地下單才算數；而且，還要從行動後的落點，想辦法提高精準度。

比如說，以前我一看到個股漲停叫進，急忙用市價丟出買單，然後根據掛進後在市價排隊的張數和後來陸續成交的張數，來計算自己的委買單會不會成交，當發現自己的單子差一點點就成交，覺得好惋惜。但後來仔細想想，有那麼多高手，同樣依靠漲停板的訊號在操作，就在漲停掛進的電光石火之間，晚了一秒鐘，背後可能代表著幾千張買單排在你的前面。這不能怪自己運氣不好，而是敏銳度不如人，因為自己也怕萬一漲停無法鎖定，才會略顯猶豫。記得民國一〇九年十二月二十五日我急著加碼快逼

近漲停價二十三‧一元的陽明，驚覺到誤掛成賣單時，委託單已被秒殺，再加倍買進也買不到，陽明隔天一開盤就漲停而且收漲停，再隔一個交易日，陽明又開在漲停下一檔的二十七‧九元。

在股市，沒有永遠的弱者，只有永遠無法認清事實的弱者，最怕的不是我們一無是處，而是我們自以為是。看短期績效，較能及時明白自己是不是弱者。而弱者要由弱轉強的關鍵，不是在看盤時只會看戲，或只會聽別人指示，而是在兩耳之間的思考，就像《股票作手回憶錄》一書中說的「能夠讓人腦力發展的東西是猜測」，做股票就是要去猜測基本情勢的演變和交易群眾怎麼想；但也不能光猜測，我們還要反覆下單來支持自己的看法，對就對，錯就錯，從中摸索出對股市的因應之道。

第3課 為什麼我們總在原地踏步

輸家在期待和幻想中夢遊，不斷地讓自己的鈔票飛走

贏家用經驗和直覺導航，不斷地撿起股市裡的鈔票

作為投機客的我們，之所以總是看著持股漲上去又跌下來，在於我們不會應變。我們只敢在絕對有把握時出手，經常盲目地期待股價怎麼走，總在等待更好的出手時機……或許，自以為懂了很多操作原則，但因為操練的次數不夠，其實並不精通，更欠缺臨門一腳。我後來發現，沒有人能

教會你做股票，只有市場可以；想讓市場替我們多上課，就要多出手。

我們都曾在事後幻想，「在最低價大買某檔飆股，賣在最高價，可以賺多少錢。」但就是因為大多數人都沒錢買或不敢買，所以才有最低價，就算我們僥倖買在低檔附近，也很可能不敢買太多，而且一有差價就跑掉了；同樣地，就是因為大多數人都沒股票賣或捨不得賣，所以才有最高價，就算我們僥倖賣在高檔附近，也很可能不會賣太多，而且一有差價就回補了。

停留在想像和期待中，邁不開步伐

有時，在媒體公布個股漲幅前幾名時，我們也會幻想，「要是買到其中一檔該有多好？」但台股有一千八百多檔，我們怎麼可能正好抽到這幾支上上籤？有時，在媒體公布基金績效前幾名時，我們也會幻想自己買到其中一檔，但我們忽略了，自己也可能買到沒公布出來的、吊車尾的那幾

檔，其績效可能比自己的還差很多。

我們還期待市場朝著對自己有利的方向走。持股很多時，股價跌破重要支撐，我們期待它趕快站回支撐，前一晚美股大跌，我們期待今天早上在台股開盤前，美股期指能把昨晚跌掉的部分漲回來。

我們也一直在等待。我們聽說某家上市公司即將發布大利多而介入，卻望穿秋水，等待的事都沒發生。股價一跌破月線到季線到半年線到年線的支撐，我們期盼公司派護盤，有時終於盼到公司派實施庫藏股，卻在跌勢煞不住車後，我們進一步等待國安基金進場，或期待政府調降證交稅。

我們雖然知道股價跌深了遲早會觸底向上，只是不清楚是在什麼時間，我們等待又等待，內心不時交戰——

「把股票賣了吧！」

「不行！」

「為什麼不？」

「都已經等這麼久了，為什麼不再多等一下？」

尋求最佳方式，而不是用同樣的方式

我們把命運交給別人、市場、公司派和政府，讓小危機坐大成大危機，常常還沒等到股價出現像樣的反彈，就面臨融資追繳。如果我們被套住後，只會等著解套，最大的問題不是不見得能等到解套，而是就算等到了，也虛度了很多光陰，浪費了很多機會成本。在等待中，我們的心態、操作技巧和觀念都沒有改變，等下一波股市漲上去又跌回來，結局還是被套牢，我們又得從頭開始。就像班傑明·富蘭克林所說的，「不理性的定義是，重複做同樣的事情，卻期待會獲得不一樣的結果」，我們不可能一成不變，卻期盼自己一覺醒來能隨機應變，一個長時間在等待解套的人，即使號稱自己有二三十年的股齡，也只是虛張聲勢。

雖然，不只是投資大師，連投機大師也常提到「等待」的重要性，但

他們的等待是有判斷的依據，而不是一廂情願，例如技術派人士在價格盤整時不積極採取任何行動，在價格向上突破盤整的上限時才大買，抱著上升的股票不放，等趨勢已露或做頭而下後再賣。

我們總以為做股票有什麼祕訣，不斷尋找，但做股票的方法，有的可說，有的不可說。可說的方法上網都找得到，都是過度簡化的基本技法；不可說的道理卻不能轉移，別人的體會是別人的，就算別人不留一手，也很難面面俱到的教你，在各種不同的情況下該如何因應。

在股市，可說的方法只是方便我們入門，都不是什麼永恆的道理，因為在大家都如法炮製後，不但輪不到你賺，如果被這些規則框住，反而不能觸類旁通，體會不出那些操作上不可說的道理。

獨特，才能勝出

在根據真實故事改編的電影《陣頭》中，「九天」原本是必須幫別人

湊團才能爲生的小陣頭，但新團長卻認爲這樣要受別人支配，永遠不能出頭天。看到這裡，我突然想起，在股市，很多人迷信權威、聽信明牌，不也在湊團嗎？

電影中，正苦思九天未來表演形式的新團長，有一天在森林中循著音樂聲，無意間看到「朱宗慶打擊樂團」正在排練，如夢似幻，看得瞠目結舌，同行的女團員很羨慕地說：「要是我們跟他們一樣就好了！」他在腦海中把正在排演的對方團員換成自己團員，想像會是何等景象；覺得不倫不類，他清醒了過來，斬釘截鐵地說：「我們永遠不會跟他們一樣的！」

相對於九天不偷師別的團體，很多投資人一看到或聽說別人有什麼賺錢絕技，就趨之若鶩，但爲什麼看（聽）的時候很有感觸，實際應用時卻窒礙難行呢？或許，這是因爲別人的方法像森林，而他們只揀去一兩塊木頭；或許，原因正是電影裡九天新團長所領悟到的：適合別人的方法，並不見得適合自己。

同樣的，在各行各業，尤其在股市，能成功的只是特殊的極少數，而不是平庸的大多數，想勝出就不能跟人家一個樣。就算我們想從傳統或別人的方法中取經，也要加以改良，有自己的獨到之處。但「不同」勢必要加倍付出，不能只有三分鐘熱度。

例如，學習技術指標時，我們要透過一次又一次的練習，才能領略到其中奧祕，但很多人一開始就把它們想像成神兵利器，一看它們不能立即發揮戰力，就嗤之以鼻，轉而尋找其他更神奇的工具或不敢再依賴自己的分析，經驗因此無法累積。

進場競技是最好的準備

做股票不是等懂了才去做，而是從做當中去懂。在股市，很多投資人希望學到很管用的方法後再積極出手，而不是從積極出手中學到很管用的方法，但因為「方法是否管用」要經過市場測試，因此，他們很可能一直

覺得還沒準備好而不敢積極行動，任由很多機會溜走。

而在他們「準備」的同時，也有的人不太懂股票就直接進場，從市場出的各式考題當中學習如何接招，隨時盤算後市的各種可能性並思考應對之道，因爲總是「想在前面」，所以即使不能預料到後市的進展，也能從容地隨機應變。後者今日在瞬間就做出的一個關鍵的、合宜的臨場反應，其實都是經由多年來無數次的操練中，反覆揣摩、簡化過來的。

先進場練習，不但能培養臨場反應的能力，也由於不受既有方法的束縛，比較能不經意發現另類的方法。雖然爲了激盪出能兼顧更多環節的系統化方法，我們還是有必要把土法煉鋼而學來的方法，拿來和書上提到的相驗證或比較，但不管激盪出什麼構想，都要接受市場的檢驗；也就是說，經自己實證過的東西才能相信，不能讓書上所說的反客爲主。

辦法經常是在摸索中不經意發現的

新手以為多學一些操作原則，就可以少一些實戰經驗；但老手知道，多一些實戰經驗，就可以少學一些操作原則。我們先進場操作一段時間後，如果還是沒什麼頭緒，這時才會覺得自己有多麼需要學些操作原則，也比較知道自己要學些什麼樣的原則，學起來更帶勁。

就算我們一定要先具備一些知識才敢進場，也只須先了解一些大原則，不要學太細節的東西。像我在民國七十八年底，看了達瓦斯的《我如何在股市賺了二〇〇萬美元》，沒多久，台股崩盤，我變得很少進出，因為沒有把從書上所學的逐項拿來印證，所以很快就忘了這本書在說什麼；等民國八十二年台股展開大多頭行情，我惟一記得的是這本書上講過「買創歷史新高股票」的原則，並靠這個原則賺到錢。

又過了十幾年，為了寫書，我重讀這本書，才發現大家所見略同，例如，在觀察個股是否創歷史新高時，我也會把先前發放的權息值考慮進

來。這相當合理，因為還原權息值後創歷史新高價的股票，在實質上，原先的套牢者已全數解套，如果還硬要等該股能進一步創不還原權息值的歷史新高，不但更難找到標的，而且，等找到了，股價距離該股創還原權息值新高時的價位，可能又已大漲了一段。

和達瓦斯不同的是，在他賺大錢的一九五七～一九五九年代，不難找到創歷史新高的股票，而台股愈到後來，創歷史新高的股票愈難找到。雖然創歷史新高的股票是首選，可是我經常必須退而求其次，從創波段新高的股票來評估能否切入。但光是運用這個單一原則的成功率不高，所以我還要結合六十日線等其他原則。

贏家都曾經傷痕累累

除了技術面，我們還要加強心理面，不要怕失手。正如台灣諺語所說的「驚驚袂得等」，國巨董事長陳泰銘的女兒少曼、少喬，就把她們在障

礙馬術的成就歸諸於「不怕摔」。她們說得輕鬆，但陳董事長每次在場外遠遠地看到寶貝女兒摔在地上，一動也不動，卻心急如焚，不知道這次有多嚴重。陳董事長說：「我最感到欣慰的，不是我的女兒贏得多少獎杯，而是她們因為到處比賽而眼界大開，而且能夠輸得自在。」

陳家姊妹因為到處比賽而眼界大開，股票族也要多上場磨練。但是量大未必能產生質變，重點是在多做多錯後，要能即時調整作法，並不再犯同樣的錯，這樣才能輸得自在，而不是輸到沒感覺。

投資人尤其要經過大場面的洗禮，穩定性才會增加。當我們使出渾身解數和一次大波動行情周旋，即使覺得力不從心，從中得到的成長，比從一百次小波動中得到的還多很多。見慣了大場面，對市場上發生的一切都不會感覺太吃驚，比較能適應股價一下子跳到極端。

我認為，「業餘」和「專業」的最大差別在於穩定性，穩定意味著總能大賺小賠。一位專業的交易者在累積資本的路上，頂多是進三退一，是

不會在空頭時把先前多頭時賺的錢全部吐回去的，尤其不會在類似於民國九十七年，那種線形出現做頭跡象然後才大跌的走勢中受重創。

古語：駿馬徘徊不前，不如劣馬穩步向前

看了張健鵬先生所著的《發牌的是上帝，出牌的是自己》，我對其中的一則寓言很有感觸。它的大意是說：唐僧從長安城中一家磨坊裡，挑了一匹耐操的普通白馬，隨他前往西天取經。這一去，就是十七年。待唐僧榮歸東土大唐時，此馬也成了取經的功臣。

白馬衣錦還鄉，來到昔日的磨坊探望老朋友，一大群驢子和馬都圍著白馬，問東問西，大家豔羨不已。

白馬很平靜地說：「各位，其實我也沒什麼了不起，我去取經時，大家也沒閒著，我走一步，你也在走一步，只不過你們是在家門口來回打轉。」

眾驢子和馬都不言語了。是啊，自己也沒閒著啊，怎麼人家就成了「成功人士」，自己還是老樣子呢？

同樣的在股市，大家可能一樣辛苦忙碌，收穫卻很懸殊。有的人對於自己要投機或投資，定位清楚，並摸索出一套相匹配的方法來指引方向，雖然也會遭受打擊，卻總是進多退少；有的人沒有找到適合自己的路線和方法，在周遭一大堆資訊和意見當中迷失，莫名其妙地從這裡賺了一筆，又莫名其妙地從那裡賠了回去，在原地打轉或在繞遠路，時間一久，就落後前者十萬八千里。

第4課 破除名家情結

輸家追隨股市名嘴
贏家和盤勢的對話不容別人插嘴

李佛摩在《股票作手回憶錄》中認為，新手一無所知，是第一級的傻瓜，第二級的傻瓜是有經驗的半桶水，後者也做研究，但不是研究市場本身，而是研究更高級傻瓜所說的一些市場評論。當我還是半桶水時，非常依賴市場評論，看到李佛摩這番話，感到非常驚訝；直到多年以後，我為了宣傳新書，經常對媒體、聽眾和朋友發表對後市的評論，有時看錯了，我覺得很糗，但還是有很多人想聽聽我最新的看法，我才體會到，自己是

李佛摩所說的「更高級傻瓜」。

自己關心的事愈難掌握或人在倒楣時，愈希望別人指點迷津，甚至求助於怪力亂神。民國八十四年中，我股票怎麼做都不對，聽說在台北市木柵區山上有一位師父很靈，很多政要都很信他，我去找他算命。

師父起乩後，用毛筆在一張宣紙上寫著兩行字：

烏智麻拾、杭以各唷

湯列英、達基瓦！

他清醒後向我解釋這些字的涵義，但談的都是「佛手共成事更香」之類的大道理，我有點失望。要離開前，大夥聊到股票，師父精神都來了，還說幾年前伊拉克入侵科威特前夕，他早就料到了，還料到原物料會大漲，並且通知信徒出股票、買黃金。

就算有神蹟，也很難複製

我把求來的籤詩裱起來，掛在臥室的牆壁上，一天看好幾次。過沒多久，我的未上市盤商向我推薦一檔名叫「英業達」的股票，當時英業達還沒上市，沒幾個投資人聽過這個名字，但我隱約覺得這個名字好像之前也在哪裡聽過。我猛然想起求來的籤詩裡的「英、達」，全身起了雞皮疙瘩，心裡想：難道師父真的通靈？但我決定先觀望幾天再說。

一個星期後，我的未上市盤商告訴我，他前幾天叫我買而我沒買的英業達，這幾天突然飆漲，已經買不到了。我相當後悔，為什麼把財神爺拒於門外？

幾天後，我再次上山，參加師父主持的改運法會。當師父正在做開壇前的準備，一位阿嬤帶了一個小孩走過來，師父連忙放下手邊的工作，一把抓住那小孩，問道：「你睡覺時有沒有夢到什麼數字？」那小孩起初不肯講，在師父半哄騙半恐嚇下，才吞吞吐吐地講出幾個數字。

我很好奇，師父不是說他未卜先知，為什麼還向小孩子問明牌？我隨口和那位阿嬤聊天，她笑了笑，不以為然地說：「師父玩六合彩賠了很多錢。有一次小孩子亂講，結果講對了，從此師父每次都抓著我的孫子問。小孩子講的如果能信，我早就自己簽了。」

在跌勢中，名家也自身難保

我本以為找到了靠山，卻在瞬間幻滅。我想，就算有神蹟，而且又恰巧發生在我身上，下次也很難複製。從此，對於股票的事，我不再問鬼神，卻仍舊問名家。我曾經存有名家情結，喜歡引述名家的看法，認為自己再怎麼學都不可能比市場名家更厲害。

剛出道時，我藉由統計媒體上看多的專家比較多，還是看空的專家比較多，來研判多空，卻發現預測不是民主投票，占多數的不一定贏。接著，我找出兩三位長期以來看得比較準的專家，根據這些專家的解析來進

出，每每賺了錢，卻在跌勢降臨後又很快賠回去。我發現問題出在這些指引對我即使有幫助，也只是一時的，而不是隨時的。當市場變調，或許這些專家已修正他們的看法，我卻跟不上步調；或許這些專家只是過江的泥菩薩，我卻還期待他們來拯救。

後來，我不只寄望於偶然遇到對的人，還希望找出一套對的方法。我在聽專家指示的同時，也學習他們怎麼做分析；然而，學到的只是一招半式，而不是系統化的方法，自己只是表面知道，而不是徹底了解。

上過技術分析的完整課程，再來看市場名師怎麼應用技術分析來解盤，感覺上清楚多了。我在實戰中把學到的東西加以改良，融入自己快節奏的操作體系，但在關鍵時刻，我很想知道令我折服的名師的看法，動作常因此慢了下來，而且，當我的預測和他們不同時，我不敢堅持己見。在這段期間，我頂多賺些蠅頭小利。

和人討論，會被別人的觀點框住

看了《股票作手回憶錄》，才知道連當時被某些報紙封為「棉花之王」的李佛摩也有偶像，而且當他和他的偶像——棉花專家波西‧湯瑪斯——深交後，被湯瑪斯說服，由空翻多。他走錯了第一步後，一次失策導致另一次失策。他違背了「要賣掉讓你虧損的交易，保留已經出現利潤的操作」的習性，在棉花價格節節敗退時，不但沒有認賠殺出，甚至為了取得資金來一路逢低護盤，賣掉了相當大量已經有利潤的小麥，並從平時正常操作大約六萬包的棉花數量，一路追加到四十四萬包。

結果，他的棉花部位慘賠幾百萬美元，賠掉超過他全部本錢的十分之九，而要是他能留住小麥的話，他應該可以賺八百萬美元。他用昂貴的代價學到的教訓是：一個人縱使擁有原創的心靈和終身獨立思考的習慣，仍然要避免被心思敏捷、魅力十足、能言善道的人打動。

以前，我把投資當社交，很喜歡和別人討論行情，不只是想從別人那

裡得到啟發，也想炫耀自己很懂股票。看了李佛摩的慘痛教訓後，才知道一旦和別人走得太近，尤其當認為這些人的頭腦和動機都不容置疑時，更有可能被同化了而變成他們的分身，去做違反自己判斷的事情，以至於不能檢驗出自己的實力，或是受到遊說而造成自己猶豫不決。

獨斷獨行，會更清醒

就像《黑天鵝效應》一書中提到的，「會移動的東西就需要知識，通常沒有專家。」股市瞬息萬變，沒有人可以很精準地預測行情。而且，股市行情也不是黑白分明，甚至不明朗的時候比明朗的時候還多，即使有時我們覺得走勢不明朗，也不必期待專家為我們撥開迷霧，因為在多空拉鋸時，不知道反而是真的知道，這時候我們不必做什麼預測，一旦時機成熟，答案自然浮現。

比如說，當決定趨勢的圖形、訊號顯示多空勢均力敵，這時我們靜觀

其變；但等到多頭取得上風，例如股價向上強勢突破近期高點，我們就要
及時投靠多方。如果股價續漲，接下來，原本那幾個偏空的指標也會一一
跟著翻多，但等到這時才進場，成本已墊高了不少。

慢慢地，我不再刻意為了與名家的看法一致，而犧牲自己的最大優勢
──速度，我甚至不再從名家那裡找靈感，而是從盤勢和線形中找靈感，
並果斷地行動，終於在市場大有斬獲。我更確信，做股票要成功，不見得
要預測得很準，而是要修正得很及時；如果我們善於做修正，在做預測時
會更有恃無恐，而比較敢出手。

肥料有時會變毒藥

我還聽說一位向來在股市單打獨鬥、不聽信股市名家的朋友，也受到
名家情結之害。他在賺了大錢後想建立操作團隊，他招募新血，傾囊相
授，前後招募了三期，訓練了十幾個人，卻沒有人能達到他的預期。他左

思右想，終於想通找不到接班人的原因，可能出在這些人對他太敬畏，惟他馬首是瞻，當他看多，這些人不敢看空，破壞了操作的韻律；而且，這些人急著想要和他一樣成功，對他傳授的東西只是照單全收，沒有篩選、消化形成自己的東西，因此思考流於淺薄，向他提問不出深入的問題。

綜合我自己和別人的經驗，股票要做得好，首先要拋棄想要速成的心態。做股票要聽經驗的指揮，而不是聽別人的指示。自己有眼光，才不會優柔寡斷，如果我們只會從市場名家的意見中找答案或複製他們的方法，就不能深入了解股票世界，在無人可依靠的激烈動盪時刻，當然無法應變。即使有人在旁邊讓你跟隨，你也常常跟不上，因為你不能同步了解他的思惟，像我股票做得最順手的幾個時期，旁邊總有不同的朋友在跟我做，但有時我去搶急拉的股票或正要漲停的股票，對方就愣住了。

其次，在心態上要及早從市場名家的膜拜者提升到超越者。在股市，名人不等於能人，有的名人以能言善道聞名，有的只是炒股票很有名；名

人就算是能人，也未必是我們的貴人。當我們還很青澀時，難免要有學習或模仿的對象，但仿效是為了超越。股市就像流行歌壇，從來沒有人因模仿誰而能勝過本尊，沒有自己特色的山寨版，甚至很難在市場生存。

最後，要經過大量的操練來改變體質。如果有一天，我們能看出市場名家分析的破綻，而且能提出更有力的觀點，並在交易中得到印證，表示我們已經達到了他們的高度，走出自己的路了。雖然我們的觀點有時也會露出破綻，但自己的破綻自己補，自主了之後，就可以自由自在、隨機應變了，不必再管市場名家在說什麼，以免干擾自己的操作。

台灣諺語：針無雙頭利，人無雙邊才

以前，我常納悶：一些股市圈外的成功人士在自己所屬的領域，都了解要夠專業才能出類拔萃，為什麼竟然以為在股市只要有人脈提供明牌或跟對專家，就能輕易地賺錢？沒想到後來，我在股市賺到錢後，在行情清

淡時錢無處去，也想要附庸風雅，而投資畫作，犯了與他們一樣的錯誤。

我把畫作當股票在玩，問題是我在畫市不像在股市具有優勢。我後知後覺，投資的畫家都是市場上公開的明牌，畫的價格已經炒上來，就像股票族追進熱門股時，股價已經炒高；但比股票族更慘的是，追高了股票，還可以認賠殺出，追高了畫作，即使想認賠，有的畫還求售無門。

就像在股市追逐的明牌失靈時，很多人並沒有因此而停止追求明牌，當我在藝術品市場被明牌套牢，我聽說一位朋友靠買畫賺了大錢，向她請教該投資誰的畫作。她不直接給答案，卻送我幾本藝術史的書籍，要我研讀後再來討論。我猛然想起，曾經有朋友問我「該買什麼股票」，我不也是先推薦他們看一些股票書嗎！

只見贏家笑，不見輸家哭

我如夢初醒！我不該什麼錢都想賺。原來，雖然我們在自己的本行知

道，只有極少數修煉成精的人能成功，而其他涉獵不深的追隨者只能墊底；但對外行的行業，可能因為它正掀起熱潮，或因為聽多了該行業極少數成功人士被過度誇大的事蹟，眼前只看到錢，忽略了同一行業中還有數量龐大、不為人知的失敗者，誤以為這一行很好賺，因而撈過界亂撒錢。

後來，我看到了《上億資金怎麼玩？》一書中引用愛德華・吉朋有關笨錢的段落，覺得很震撼，因為這正是我在畫市以及很多人在股市不懂裝懂、亂投資的寫照。他說：「……在特定時間，有很多笨人擁有很多笨錢……，就是所謂的盲目資本，會因為與目前目的無關的原因變得特別龐大、特別渴望；希望找人把錢吞噬；找到人後，『投機』就出現；錢遭到吞噬後，『恐慌』就出現。」

我家院子裡有一棵櫻花樹，種了好幾年，雖然也長得很高，卻始終不開花，我懷疑這是因為它的旁邊有一棵更高大的樹遮住了陽光。我請工人把櫻花樹移植到空曠的地方後，隔年它就開花了。散戶就像那棵櫻花樹，

市場名家就像那棵大樹，散戶如果以為「大樹底下好乘涼」，一直活在別人的庇蔭下，永遠不能出頭天。我獨力操作，很喜歡李宗盛大師的歌詞，「我既不是主角也不能決定起伏，至少我能決定怎麼進、怎麼出……我為王在自己的國度。」

第5課 破除明牌情結

輸家希望別人說破，所以永遠勘不破
贏家認為聽別人說，還不如自己想

不管是業餘或專業人士，大家都愛聽明牌。在聚會中報明牌，就像在慶典中放花火，總能掀起高潮。一個人脈看來還不錯的人士，如果告訴另一個人，「股市會大漲，趕快進場」，聽的人可能無動於衷或無從下手，因為他們不買台指期；但如果聽的人被告知「某某股票會大漲」，不管有沒有聽過這家公司，他很可能馬上去買。然而，聽明牌如果能讓人致富，滿街都會是暴發戶，因為明牌股不像名牌商品有一定品質保證，一旦依賴成

性，還會喪失做股票最倚重的判斷力和隨機應變的能力。

剛出道時，有一次我到一家券商聽晨間解盤。聽完演講，一群人擠進十樓的電梯，一位老兄在電梯裡發表起高見，說他這一波跟到某天王主力內圍給的明牌——農林，賺了很多錢。萍水相逢的一群人，馬上你一言我一語地問他，現在要買什麼股票？

這位老兄更形得意，說他們最近鎖定一檔「農林第二」，聽得大家豎起耳朵，頓時鴉雀無聲，彷彿他接下來講的每句話，都會掉下新台幣；這時電梯停在五樓，這位老兄走出電梯，一群人也不知道是不是要到五樓，竟左簇右擁地跟著他走到另一家券商的營業廳，邊走邊問他：炒哪一支？有什麼消息？會漲多少？這位老兄很乾脆，報了一支明牌，還應觀眾要求，告訴大家漲到多少錢才賣。

我本來不是要到五樓，心想聽一下也無妨，結果愈聽愈著迷。聽他講得那麼活靈活現，我急忙打電話下單。我還以為要走運了，連坐電梯都會

撿到明牌；沒想到，這支明牌失靈了。

不用錢的最貴

後來有一陣子，媒體報導的明牌對我深具誘惑，尤其當媒體主辦投資組合比賽時，我總是很訝異某些參賽者的績效怎麼會那麼好。他們的組合刊登在報紙上，白紙黑字，有目共睹，不像有些專家自稱先前報的明牌很準，也不知道是選擇性的很準，還是大多數明牌都很準。每當我辛苦地挑選潛力股，看到這些參賽者的佳績，我有時會想，何不跟進他們看好的股票？這樣既輕鬆，似乎又賺得多。

我回想起剛出道時參加投資組合比賽的經驗。當我的成績排在中段班，我在周末更新後的投資組合登在媒體上，市場並沒有任何回響，等我穩定地跑到領先群，一加入新的組合，周一開盤，不管當天大盤如何開盤，股價一律開高，甚至是跳空漲停。我本來還以為自己怎麼突然變得這

麼會選股，後來才知道，雖然無藉藉之名，但因為媒體公開了我的持股，引來股友的追捧。因此，我現在看到某些參賽者表現得那麼耀眼，他們肯定有過人之處；但不可否認的，媒體的大力宣傳也幫忙拉抬了他們持股的股價。

當這位績效超優的參賽者如明星般被捧紅，大家都睜大眼睛看著他的下一步。他最新推薦的股票一刊出，如果股價先前還沒大漲，因為追隨著比較敢搶進，他最新推薦的股票一刊出，如果股價先前已大漲，追高的風險就大增。更可怕的是，如果參賽者本身握有雄厚的資金或與炒作集團掛鉤，有計畫地拉抬股票，順便拉抬自己的知名度，等追隨者先嘗到一些小甜頭後大力跟進，又吸引到另一大批的追隨者後，卻趁機倒貨。仔細評估之後，我覺得還是靠自己決定如何進出，操作邏輯比較有連貫性。

依賴，讓散戶更弱勢

但即使在操作得很順手時，有時從媒體上或從朋友口中得知誰在這一波身價倍增，我不禁眼紅；當我聽到這些贏家，已經從某類股轉戰到別的類股，我的步調開始亂了，轉而思考要不要跟進或向這一波賺錢最快速的朋友打聽明牌。

問題是，明牌傳到我耳朵時，通常已有一段漲幅，令人掙扎著要不要跟進。但就算跟進明牌股後賺得更快，一碰到大盤好景不再，或明牌股的炒作結束，這些帶頭衝鋒陷陣的股票卻跌得特別凶。

由於我還沉醉在該股的題材中，已經把命運交給報明牌的人，而他們總有一套說詞讓我安心，以至於手中別的股票在破線後跑了不少，惟獨明牌股，我以為有人撐腰卻沒什麼賣；而且，在明牌股跌下來後，我還異想天開，以為總會有人把股價拉上來讓我跑。

等股價跌得很深，我不想賣了，當初讓我看好這支明牌的內線消息卻

始終不曾實現，報明牌的人也不再通風報信。我才知道，在跌勢初期，報明牌的人頻頻向我掛保證的同時，也是在替他自己壯膽，等股價跌深，他死心了，所以不再主動聯絡。

我上一次買得比較多的明牌，是在民國九十六年一月中旬開始介入的鼎天。當時聽朋友說，該公司接到大訂單，市場上還不知道。我看了一下線形，它從三○‧五元急漲至六十六元後，正拉回六十日線附近盤整（見P.79附圖）。我先買了一些基本持股，二月二十六日，它以長紅升破六十日線時，我以爲漲勢要發動了，再度加碼；但該股之後又拉回六十日線之下，盤整尚未結束。爲了避免它在升破六十日線後又跌回來，甚至由盤整轉爲跌勢，我等到三月十三日該股以長紅突破近期於六十日線附近盤整的高點六○‧九元，確定漲勢很可能重新發動時，做最後的加碼。

60.	00
61.	30
59.	20
60.	00
× 0.	10
張	數
	71

明日
+ 64. 20
- 55. 80

聽明牌會讓人不守紀律

我開始買進後，我的朋友在公司每個月營收公布前，都會向我預告，結果大致吻合，其中還包括營收大好的月分，我更深信他有內線情報；而該股也的確相對大盤強勢，漲到八十三元。

等到鼎天在民國九十六年七月十一日跌破六十日線所在的七十四‧五元，我認為，因為以三○‧五元的起漲點計算，它之前的漲幅已經很大了，而且，自我買進後的上漲過程中，它雖曾在三個交易日股價拉回此微跌破六十日線，卻又馬上拉上去，如今不但跌破六十日線，而且是以長黑跌破，出現了警訊。但這位朋友告訴我，據內部人士透露，鼎天下半年營運會很有爆發力，下個年度的每股稅後盈餘，更將從往年的一塊多飛躍成長到六～八元。我想，聽明牌就只要管報明牌的人怎麼說，不用管技術面，按捺住賣股的念頭。

結果，鼎天跌破六十日線後，在兩個月的時間，跌到四○‧二五元；

隔年一月更跌至二十八‧六元。隨著該股愈跌愈深，加上該公司的業績未如預期，每次我向他打聽，他愈到後來講得愈沒信心，我感覺到這支明牌已經變調，但因為股價已跌得慘不忍睹，賣不下手了。在繼之而來的金融風暴中，我幾乎只套到這一檔股票，它最低跌到十二‧八元。等到鼎天民國九十七年度的ＥＰＳ（每股盈餘）揭曉，不是傳說中的六～八元，而是一‧三九元。

我也曾怪這位報明牌的朋友，「怎麼差那麼多！」但一想到對方是出於好意，而且又是受害者，也不好再多說。何況，鼎天自我買進後，也曾上漲了四成多，就怪我沒有堅守自己的推論，彷彿是讓他替我下決定，才會失控。

特立獨行才能有見地

雖然聽明牌有時也會讓我嘗到甜頭，但是當先前報得很準的人又來報

明牌，我深信不疑而且買更多，往往只要一次失靈，就把先前從他那裡聽

明牌賺的錢都吐回去。

整體而言，我聽明牌的績效比自己選股的績效差很多，但即使是先前

報明牌不準的朋友再來報牌，還是令人很難抗拒。因為我認為上次報得不

準的人，這次說不定會報得準；又因為對方如果報不準，就不會重提此

事，但如果報得準，一定會回頭問你「有沒有買」，要是又聽說共同的朋

友都買了，惟獨自己掉隊，一想到他們正喜孜孜在談論這支股票，心就像

被針在戳。

為了戒除聽明牌的癮，我索性不主動和圈內朋友聯絡。雖然還是有朋

友好心來報明牌，但因別人的建議而買進的股票，占我持股的比率愈來愈

小了；而且，從「要不要跟進」到「何時要出場」，我會全程以技術分析

來評估。

此外，造成我愈來愈獨來獨往的原因還包括：我很怕人家向我問明

牌。我並不是吝於向別人推薦股票，當我的資歷愈淺時，我愈愛向朋友報明牌，但因為聽的人動作沒有我快，所以常害到人家。有時，我講對了買點，但對方沒有在第一時間進場，而是等該股又漲了一段才忍不住追高。

有時，對方及時跟進，卻股價每漲一點點就頻頻地問我「要賣了沒？」但等到真的叫他賣時，即使已經賺很多，他又因為股價已自最高點拉回了一些而捨不得賣，還疑惑地問我，「之前有更高價不賣，為什麼等跌下來才賣？」我實在很難向他解釋：就是因為股價跌下來了，才知道股票可能已經做頭。

向人報明牌吃力不討好

更多時候，當我敢積極向別人推薦股票時，大盤或個股已漲了一段，有時我發現情況變得不太對，本來已自顧不暇，卻還掙扎著要不要通知對方出脫，影響了自己的操作。但在這些情況，我很少通知對方，因為我並

不是那麼有把握，而且通常這時對方已經賠錢了，怎麼好意思叫別人賣。

我想，就算我叫他認賠，他也不會賣。

不久前，我請一位老友幫我審稿，看到了我上述的心路歷程，他說：

「既然你自己提了，我就直說。你結婚前向我和幾個好朋友推薦的濟業，現在已成了壁紙。」哇！我結婚都幾年了，對這件事毫無印象。很顯然的，我害人家套牢的情況，比我所記得的還慘烈，當初是哪來的自信啊？

後來，有時實在拗不過好朋友的請求，在向他們推薦股票時，我變得更謹慎，同時附帶了很多假設條件，以因應不斷變化的市場。但對方總覺得我說那麼多，有說等於沒說，他們甚至不想知道現在是多頭還是空頭市場，只想知道要買哪支股票。

民國一一〇年初，我以前同事告訴我，有投資人找上以前公司，控訴我推薦的股票害他套牢。我同事和對方說，我已離職多年，也不可能帶會員進出，告訴對方應該是被騙了。我同事還真是了解我！

就算問對明牌，也很難掌握進出時機

在內線交易法規日趨嚴格之後，投資人不但更難從電話中問到內線消息，也更難與內線人士同步進出。我有一位朋友，平常不太關注股市，只有聽到朋友報明牌時才會進場。在一次聚會中，一位上市公司董事的朋友叫他買該公司股票。他在二十五元的價位買了五十張後，該股連漲兩支停板，不料市場爆發唐鋒事件，該股接下來連跌五支停板，跌到十九元多。

他想問那位董事該怎麼辦，但當時市場上一片風聲鶴唳，怕電話被監聽，不敢說得太白，於是在電話中拐彎抹角地問：「你前陣子叫我買的那塊餅，還可以放嗎？還是已經壞了，要丟到垃圾桶呢？」對方剛開始聽得霧煞煞，等會過意來，告訴他餅似乎是有點「臭酸」了，但還要再去問做餅的公司看還能不能放。隔天直到快收盤前，我的朋友都沒等到電話，愈想愈恐慌，把股票認賠殺出了。隨後幾天，該股又急速反彈到二十三元。

用自己的準則，為自己的投資負責

自己的股票自己做。其實，就算在股市翻船，如果能有所領悟，還是能翻身，但問題是如果只會聽別人指引，永遠不會進步。對於大盤，大家都喜歡看名家看多的解盤來壯膽，尤其當出現利空時，如果一直要靠人解盤，那表示自己火候還不到，尤其是純粹用基本分析來解盤的名家，我們更要小心提防，因為不夠周延。即使我們沒預測到指數的大波段，但如果看對了趨勢，而且懂得邊做邊修正，也大致能掌握到行情。

對於個股，由於在多頭行情時名家「喊水會結凍」，如能及時跟上，集合眾人力量拉抬，賺錢的速度更快；但名師也是時靈時不靈，就怕他們上一次講很準時我們沒跟進，等注意到他們很準，這一次跟進了卻不準。我們要懂得從中過濾，而不是在碰運氣。此外，當我們對某檔個股看得很好，而知道自己崇拜的名師也看得很好時，常會太篤定，萬一該股走勢未如預期，會來不及應變，所以盡信師不如無師。

《商君書》：成大功者不謀於眾

如果你需要別人帶你進場，你還需要那個人帶你出場。所以，更重要的是，要開發自己的明牌，這比聽明牌來得有價值，因為每個過程你都親自參與。向一百個人問明牌，可能會問到一百支，但自己獨力研究出來的明牌，就是最好的。如果我們能像從 KTV 的歌單上點選一首歌一樣，有勇氣根據自己的判斷去挑選一支股票，然後獨自面對輸贏，我們就會成長。等到我們終於能穩定地找對一支明牌，後續就能找到無數支明牌。

投資人大多會找身邊他們認為很懂股市的朋友或老師來遵循，甚至在社群平台求助。我曾在陽明從二三四・五元跌到一二四・五元時，在社群平台看到有人發問，「請問陽明一三○元融資四十張要停損換現股嗎？」有人回答他，「問這問題，勸你不要玩股票！」的確，錢在輸贏，別人的建議，你就相信喔？沒有投資理念、耳根子軟到極點的人，只會被別人牽著鼻子走，就像一篇一八八○年代發表、歷經過一百多年考驗的論文所

說，「『投機者』必須自己思考，必須遵照他推斷出來的因果關係行事，依賴自己是成功的基礎。不要學到心態懶惰的習慣，讓報紙、營業員或聰明的朋友代替你思考與證券市場有關的事情。」

第6課 我們可以打敗股市

輸家認為做股票像擲硬幣，輸贏全憑運氣

贏家認為做股票像運動競技，比技術也比情商

有的人靠著學術研究或因為自己無法戰勝大盤，就斷定沒有任何方法可以打敗股市，那些股市贏家只是運氣好；但如果我們看過類似《新金融怪傑》之類的書，就比較會相信股市中真的有高人存在，他們看得到同一市場裡其他人看不到的股價走勢的規律性，總能領先市場好幾步。我覺得，我們寧可相信的確有些人更會做股票，然後看看能不能學習他們找到做股票的竅門，或靠自己想出操作點子而在股市吃得開。

《新金融怪傑》一書中提到的吉爾‧布雷克，原本也大致相信股價是隨機而不可預測的，自己不可能靠著積極操作多賺到錢。直到有一天，朋友讓他看了一些市場行為並非隨機的證據，他想證明那些非隨機性的行為都是湊巧發生的，做了研究之後，反倒相信市場上的確有不少非隨機性的行為，並且可以用系統化的方法將其轉變為獲利。因此，他辭去原本擔任的財務長工作，成了操盤手。

事在人為

他辛苦地找出獲利模式的雛形，不斷調整，甚至當原來那套賺到錢的方法行不通後，還要去開發新方法來找出非隨機的市場形態。由於深具信心，他和客戶約定，每年賺錢時他抽成四分之一，賠錢時他賠四分之一，新戶頭第一年內如果賠錢，他全額理賠。但他從未賠錢給客戶。他在財報為憑的一三九個月裡，竟有一三四個月不是打平就是賺錢，甚至創下連續

六十五個月不賠錢的輝煌戰果，而且從他開始操作的十二年間，平均年報酬率高達四五％。

所謂「夏蟲不可語冰」，有些事物我們沒看過或沒想到，不代表別人就沒察覺，更不代表這些事物不存在。就像一位網友說的，我們不要「只看想看的，只信願意信的」，當我們聽到的操作觀點和自己原本深信的截然不同，我們要像布雷克一樣不要鐵齒，要花時間去求證。

布雷克令人佩服的另一點是，他在離開校園十五年後，因為發現市場價格有時可以預測而轉行投入操盤工作。換成一般人，肯定不會這麼做，頂多只是兼差，因為他們害怕轉行後兩頭空。很多人嫌自己的本業錢不好賺，聽人家說「買幾張股票，賺的錢比薪水還多」，而對股市充滿了憧憬；但套用一位計程車司機對我說過的話，「做股票如果那麼好賺，誰要開計程車！」

記得民國八十年股市崩盤後，因為在股市只能喝西北風，我兼差做直

銷。我抱著「做不好頂多回頭專心做股票」的心態，預留退路，規定自己只能付出多少時間、賠多少錢，在買了一堆貨品來囤積後，業績拓展不開。但反觀我的上線，在幾年前辭掉原來的工作後，已經沒有回頭路；他不惜成本，一周辦一至兩場活動，規定自己每個月一定要接觸多少人，以量取勝。原本口才木訥的他，從一場又一場的說明會中磨練，到後來，即使在台上也能侃侃而談，成為月賺百萬元的超級經銷商。

純粹才能產生質變

我體會到，巨大的額外利潤，不是靠多兼一份或幾份工作，而是靠專「一」，要在本業上比別人額外多很多的練習，讓自己和別人有所差別。做了一年直銷，還沒等股市好轉，我趕緊踩煞車，專心做我的股票。我想，如果我當年持續兼差，可能直到今天還是庸庸碌碌。

後來，一位醫師朋友想把做股票當第二專長，等退休後生活就有重

心，問我怎麼做股票。我告訴他：「你的第二專長本來就很難和別人的第一專長競爭；何況，我的方法要花很多時間分析基本情勢和技術線形，還很倚重看盤能力，你又沒時間看盤，不如等退休後再說。」

在持續打敗大盤的過程中，每次看到「沒有人能年復一年表現得比大盤要好」的論點，或「懶人投資比積極投資勝率高」的報導，我總是感觸萬千。我既感到這樣的說法給人不敢換股或懶於進出的好藉口，而讓有企圖心的人少了很多競爭對手，也慶幸自己剛出道時因為個性上的疑神疑鬼而殺進殺出，不去理會一些書上「進出頻繁，交易成本會吃掉利潤」的說法，體會了做股票的七字真訣：多做、多想、多比較。我年輕時的操作就像《新金融怪傑》中的琳達・布拉福・拉琪克所說的，「理想的操作是維持個十天，但我在做每筆操作時，所抱持的態度好像自己只能做兩三天。」

甚至從民國八十二年起，在我槓桿倍數放大到六、七倍的那五年大多頭行情中，完全沒有退佣，但只要每天進出的筆數加起來沒超過五十筆，

我就覺得沒盡到活絡市場的本分。如果新手只能在「過度交易」和「不敢交易」中二選一，我覺得前者較能取得成功，因為亂出手後才能學到合理的出手，愈常打仗的通常更擅長打硬仗。

股價的波動有規律性，只是需要等待和尋找

在《新金融怪傑》一書中，多位操盤高手提到，最重要的技能是看出市場型態，「型態一再重複，但稍有變化」，他們提到的型態比線形上的型態還廣泛，指的是市場規律性的行為；他們也一致認為，不需要很高的學歷或智商，只要多練習，就找得到。台股也常出現型態，比如說，漲跌幅七%時，漲停鎖住則明天開高的機率很高。但是當市場規則變了或規律性消失，就要再去找出新的型態，找出新玩法。

我因為看多了也多次驗證了市場型態和接下來股價的連結，有龐大的經驗值可供參考，加上我的記憶力還不錯，當似曾相識、即將大漲的跡象

出現，我不禁驚呼「中了」。但剛開始，總覺得沒這麼好康，心想「別人怎麼沒注意到？」才猶豫一下子，就讓機會從指尖溜走。就像我曾在券商門口，從地上撿起一張千元大鈔，正猶豫間，有個人從我身旁竄出，把鈔票搶走，只丟下一句「這是我掉的」，就一溜煙不見了。

後來，一遇到市場的考古題，當大多數人還沒看到或還模稜兩可時，我已進場搶答。即使不是每次大漲或大跌前我都很有把握，也大致知道怎麼做勝算比較大，就像對善於投籃的人來說，籃框看起來比較大。更令人驚奇的是，躺在地上的鈔票可遇不可求，但躺在股市等人來撿的鈔票卻有深度脈絡可循，你只要有眼光，就可以主動地從同樣的價格行為來重複套利。

如果我在民國七十六年底把標會所得而準備投入股市的十五萬元個人全部資金，在此後任何時間點，不管全部押注在任何一支上市（櫃）股上面，即使是用融資買進台積電，而且一直抱到六八八元時，加計權息值

後，都遠不如我實際上積極換股賺的多。

剛開始大賺錢的那幾年，我知道當時台股是因為上市公司家數少、股本小，在資金湧入、市場作手興風作浪下，造成市場缺乏效率，錢才會那麼好賺，我難免擔心，是不是等台股總市值大幅擴大後，好日子就不再？

但等台股不再是當年的淺碟市場，我發現市場依然缺乏效率。我想，原因有以下三個。

一、**資訊的不完全**：效率市場的基本假設之一是，投資人都是高度理性的，但投資人的高度理性，卻必須以資訊完全為前提，偏偏在股市，資訊的取得有相當的限制，一個訊息牽動的效應也很難評估。資訊不單指外在發生了什麼事件，還包括市場內部的參與者是誰，以及他們對事態的反應。同一個消息，每個人的解讀不同，而且這些人的資金實力和持有股票期間的意願也不同，互動結果難以預測，這些不確定性造成投資人的不理性，對新的資訊不能迅速又正確地回應。

例如，民國一○一年四月十二日收盤後，財政部公布復徵證所稅新方案，大多數不會被課到稅的散戶可能會認為「利空出盡」，但中、大戶卻可能認為若確定開徵財政部版證所稅，實質利空才真正開始。隔日，台股隨著美股大漲，市場看似無異常，但接下來一周台股卻下跌二八一點，同一時間（美國時間四月十三日～四月十九日）美股只下跌二十二點。這可能是台股中、大戶用殺股票來抗議，而媒體普遍以證所稅效應發酵來解釋台股的相對疲軟，可見四月十三日市場對證所稅新稅制的反應並不正確，至少並不充分（見 P.260 附圖）。

這件事給我的另一個啟示是，散戶不要站在自己的立場看事情，而要站在有影響力者的立場。像大股東或公司高階主管申報轉讓，通常不致影響股價的波段漲勢，但會造成亂流。

技術分析用來抓市場心理，它可以用來預測股價的基本假設是歷史會重演，這是因為即使時空背景不同，但人性始終不變。我曾經想過，技術

指標就是那一套，如果大家都懂而且也都注意到出現賣出訊號而同時賣股票，股市就崩盤了，想賣也賣不掉，但為什麼這時通常還很好下車？因為大家想賣股票的堅決程度不一樣，看得準還要賣得多，才有意義。人性的弱點讓一般人傾向於再賭賭看或相信奇蹟，看這次會不會是假跌破，或想要等反彈再賣。有時差幾秒鐘差很多，第一時間沒賣的，可能再跌幾檔就賣不下去了；事實上，有些開始時害怕小額虧損的人，拖到股價跌到他們受不了時，卻會訴諸本能跟著大眾多殺多。

二、資訊的不對稱：效率市場的另一個基本假設是，情報會即時公開，但事實上在股市，相關訊息很容易被隱藏，買賣雙方存在著資訊不對稱。就像一個被動過手腳的硬幣，出現正面和反面的機率不是隨機的，在股市這個詐欺市場，內線人士經常藉由操縱消息面的發布時機來動手腳，所以股價走勢不是隨機的。

假設某家上市櫃公司接到大訂單，內線人士有可能先封鎖消息，從市

場吸購自家股票。如果市場真的有效率，下這筆訂單的公司也會有人知道這個內幕，當他們同時在市場吸貨，勢必引發接他們單子的營業員聯想到這支股票可能有重大利多正在醞釀，因而呼朋引伴來跟進，造成股價迅速反映這個潛在利多，使得內線人士不易在低檔吃到太多貨。

但實際上，內線人士不是省油的燈，握有重大利多時，他們可以在多家證券商透過人頭戶分散買進，也可以先發布公司的利空消息來壓低進貨，可以和外圍主力掛鉤，別人很難在第一時間大量跟進。

甚至，沒什麼利多時，他們會製造假利多，誇大自家公司的營運，或宣稱公司將跨入某一熱門領域來坑殺法人，或透過假外資的方式吸購自家股票，而散戶看到法人進場，也跟著上車。有時，內線人士出不了貨，尤其當他們知道自家公司營運變得很艱困時，還有可能利誘法人操盤手用公款來承接他們丟出去的籌碼。

在台股股民很重視殖利率後，如果公司派刻意要炒作或打壓股價，更

多了一個法寶，當股利配發率比市場預期好很多（差很多）時，會造成股價短線上的大漲（大跌）。

雖然我們在基本面與消息面無法與公司派和法人相抗衡，但通常基本面越專精、消息面愈靈通的人愈可能輕忽技術面，這給散戶留下一線生機，因此，散戶與其追逐追求不到的內線消息，不如多花點心思來學技術分析，這樣即使不能贏過公司派和法人，至少可贏過不懂技術分析的散戶。

某家公司基本面有了明顯的變化，多少會反映在股價和成交量上，我們可以訓練自己在消息面醞釀或剛發酵的階段就發現即將大漲的股票。例如，我們可以觀察大盤大跌時逆勢上漲的股票，在這種脫軌的行為背後，常常是有人知道什麼內線消息，所以才有恃無恐；我們也可以審視經紀商進出表，觀察買盤連續好幾天集中在某些券商的個股，這樣也可以嗅到大戶吃貨的蹤跡。雖然我們因為不知內情而不敢買太多，至少還可以掙到一點湯喝。

三、政策的限制：

由於資訊的不完全與資訊的不對稱，以及市場大戶操縱股價，股價經常暴漲暴跌。為了維持金融秩序，政府常常插手干預，最常見的是漲跌幅的限制，以及個股平盤下不得放空，這些限制會導致市場訊息未能立刻且充分地反映在股價上。

例如民國九十七年金融危機時，台股現貨和期指漲幅仍維持七％，但跌幅一度短暫地由七％降為三‧五％，股價更容易跌停，也更好操作。如果我們在股價跌到接近第一支縮水的跌停板時，聯想到股價跌停意味著賣壓還沒宣洩完，後市看跌，如果這時我們的持股比率仍高或想跑個短線，更能堅決地在跌停價賣出股票，再伺機補回來。至於手上沒有股票或是手上持股一開盤就跌停鎖住的投資人，雖然當時政策禁止放空股票，但還是可以拋空期指。總之，漲跌幅愈小，市場愈沒效率，愈好操作。

因為那時跌停板的跌幅只有原來的一半，在少賠了三‧五％的情況下，

我隨時關注率先漲跌停板的個股。我在追進領先大盤漲停的股票時，

如果漲停價委賣的張數不多，我在看到漲停價的下一檔時就會去追，尤其當單筆成交量出現大單時；如果漲停價委賣的張數很多，等漲停價掛出的張數被消化過半後，我也會買。

有法人形容漲停價是「一支穿雲箭，千軍萬馬來相見」，但如果大家都鎖定快漲停的股票準備搶買，那會更難買到。事實上，一般人不太喜歡買漲停板的股票，可能是因為不敢追高，或是因為追漲停板的股票，當天已沒有差價，他們寧可買離漲停還有好幾檔的股票。甚至，有的人喜歡賣漲停板，在股價久盤後出現第一根漲停時，他們有賺或少賠，就把股票賣掉了。話又說回來，就算每位投資人都懂得利用漲跌停來做股票也無妨，因為同樣是漲停或跌停的股票，還必須綜合其他法則來分出優劣。尤其當漲跌幅由七％放寬到一○％後，基本面變得更重要，若要追漲停殺跌停，當然也要考慮股價的位置。

台股的開盤價和收盤價是一天當中最可能沒有效率的兩盤

台股的開盤價和收盤價較容易人為做價，也較容易買賣到好價錢。民國一一一年五月三十一日，《工商時報》和《經濟日報》相繼在開盤前和開盤後不久預告，「MSCI季度調整，防爆量甩尾」、「今日最後一盤將可能有爆量震盪局面」；果然，台積電最後五分鐘的試撮價節節攀升，以單筆四八四六〇張大量從五四六元急拉到五六〇元作收；就算我們在這天沒看到報紙的提示，如果看到試撮價瞬間拉高了十幾元，也應該會本能地想要掛出些股票試試。我相信很多人都在等台積電這樣的拉高機會來出脫，但這只有不到五分鐘的反應時間，台積電在二十四個交易日後跌到四三三元。

我習慣在開盤前掛股票，這可減輕開盤後的工作量，開盤後較不會慌亂，而且預掛價是前一天深思熟慮過的，還是有一定的準確度。在不能用手機於前一日預掛的年代，我有時要預掛的筆數多到我必須在早盤八點三十分前先傳真給營業員，才來得及掛進。

除了參考線形上的反壓和支撐來掛股票，對於強烈看好的股票，我至少會在開盤前用平高盤先買一些；反之，對於強烈想賣的股票，我會在開盤前用平低盤先賣一些；等到快開盤前，我會斟酌不久前美股期貨盤的表現，並參考預掛買賣單的張數和盤前試撮價再做修正。

積極操作是抓住股市波動的不二法門。以前我會建議想學做股票的朋友買一口小台指期來試試，把小台指期當作一支股票來玩，因為期指交易成本很低，較下得了手。但問題是，指數很多時候是隨機的，「隨機」就是漲跌五五波，這時不宜輕舉妄動。在台股推出股票期貨後，我會建議朋友，除了玩台指期來熟悉大盤脈動，還可以同時玩現股和股票期貨，它不僅可省交易成本，還可以積極換股操作來掌握個股輪動。每一支個股的走勢以隨機的成分居多，但如果我們關注的個股夠多，也能在它們出現非隨機的市場型態時察覺，並加以比較誰更好或更不好，就多出了很多買進或賣出的機會，這樣只要一支報價和下單用的手機，我們就能打敗股市。

第二篇

技術分析比你想像的還有用

第7課 經過比較，才好做選擇

輸家只注意股價上上下下

贏家還進進出出

做股票無非就是不斷選擇的過程。儘管有時我對大盤或個股的漲跌毫無方向感，但經過比較不同的個股，機會就跑出來了。我綜合盤勢、技術面和基本面，作為汰換持股的依據。不同的個股一經比較就有優劣，有了優劣，我就知道如何取捨。懂得放手，讓我得到更多，我用比較的觀點，

豁然開朗地看到了一片新天地。

民國七十七年九月二十四日是我在股市轉大人的日子。在此之前，股市已經從民國七十六年底的二三九七點，在不到九個月的時間急漲了六千多點（見 P.353 附圖）。九二四之前的兩個交易日，股市全面噴出，九二四當天，股市持續狂飆，在開盤後幾分鐘才到達號子的投資人，擠到營業廳時，幾乎所有的股票都已經漲停，看似大勢底定。

當天，我本來想逢高出脫持有的五張太設，但太設早就高掛一○三‧五元漲停價，漲停板掛進了一萬多張，我捨不得賣。在個股幾乎全面漲停惜售中，我注意到亞泥在一四六‧五元的漲停價開了又關，關了又開，賣壓如潮水般湧出，因而心血來潮，放空了兩張亞泥。

收盤後，我和幾位股友在餐廳慶祝，突然間，也在玩股票的餐廳老闆慌張地走過來，告訴我們一個青天霹靂的消息——財政部宣布復徵證所稅，頓時，原本的歡笑化為沉默。從此我更堅信，千萬別以在股市賺錢之

名邀宴，乃至後來，我認為不要把對帳單貼上網炫耀，這是倒楣的開始，因為驕兵必敗。

從盤勢和線形比較個股的強弱

在那段崩盤的日子，幸好有那筆亞泥的空單陪伴我。當時，市場人士議論紛紛，說亞東集團的股票包括亞泥、遠紡和遠百，在證所稅宣布復徵的前幾天不約而同爆出大量，會不會是政商關係良好的公司派聽到了什麼風聲？此後的一段時間，投資人更以亞東集團股票的走勢來作為政策多空的風向球。但我覺得這只是當時炒作亞東集團股票的主力正巧利用市場沸騰時機、抓住投資人「沒魚蝦也好」的心理來倒貨，而我不知道什麼事正要發生，只是藉由盤勢的比較，做了一筆好交易。

九二四事件讓我見識到股市「翻臉如翻書」，也讓我學到，風險是可以進一步控制的。在此之前，我放空股票只是為了鎖定我參與除權的個股

尚未發放的股票股利；從此，我發現經由多空對作，我還可以規避大盤不確定時的風險。

我的一位股市啟蒙前輩，在九二四之前市場走大多頭時，總是樂觀地說「股票是有價證券」，意思是說，股票有一定的價值。當時股票尚未實施集中保管制度，他甚至建議我，領到買進的股票後，把它們撕掉，因為申請補發需要一段時間，這樣才不會輕易地賣掉。然而，九二四之後，他卻只敢做當天軋平，不再留股票過夜，以免夜長夢多。

儘管當時我做短線，但也沒做那麼短。我覺得當軋的方式不但辛苦又浪費交易成本，還會造成我們一看到持股亮燈漲停就急著賣出，因為當天最高也只能賣這個價；如果該股漲停後量縮惜售，日後我們很可能要用更高價才補得回來。資金有限的我，如果對大盤的趨勢有一定的把握，當然要在漲勢時傾全力押注強勢股，在跌勢時出清持股。只有在對大盤的走勢茫然，我才根據個股的相對強弱勢來多空對作。

愈常做選擇，愈能輕易的做出選擇

我在看盤時，主要關注的是設定自選股的畫面，這裡頭包括我的持股、指標股和我當天感興趣股票的報價，自選股的成員隨時會改。我還會不定時把畫面跳到個股的漲跌幅排行，從當天走勢最強的股票中過濾它們的線形，這就像我們在ＫＴＶ，常從點播排行榜中選歌。尤其當大盤在大跌或久盤後出現第一根長紅時，由於後市看漲，我當天盤中會更頻繁地巡視漲跌幅排行。有一次，我在收盤後去拜訪一位股票做得很好的朋友，發現他看盤的桌面上擺了兩台電腦，一台看自選股，一台看個股漲跌幅排行，他看盤的工具更完備。

個股之間可以用線形和盤勢分出優劣。線形類似時，盤中先漲停的比後來才漲停或沒漲停的強，跳空漲停的比開高拉漲停的強。做比較時，我通常會先看大盤的位置。當大盤跌深剛反彈時，同樣是即將漲停的股票，我傾向向買先前跌最深而剛反彈的，而不是已有一段反彈幅度的；當大盤趨

勢剛翻多時，我傾向買領先大盤翻多或領先大盤創波段新高的個股，而不是買趨勢落後的個股……。當大盤漲到逼近長期下降趨勢線，我不再積極換股，而是等著逐一賣掉手上露出頹勢的股票。

同類股之間通常線形比較類似，較好做比較。有時，某支股票即將領先大盤漲停，如果它的線形看好，而我手中原本持有和它同一類股的股票，我會多買一些這支領導股，然後，等手中的同類股跟著漲上來，或即使後者並沒有漲上來，我都會把它賣掉。因為帶頭漲停的股票，一定是籌碼更穩定或基本面更出類拔萃，可能背後有只限於這支股票的個別利多，而不是整個類股的利多，甚至，率先漲停個股的利多是其他同業的利空。

但如果已知道某個類股出現利多，若追不到該類股中最先漲停的，我也會考慮轉而去追進第二強勢的股票。

可以比較的對象愈多，愈好做比較

但有時個股之間的高下也不是那麼好分辨。在我還運用券商提供的融資時，在多頭市場，當我的資金快動用完了，有時看中的兩支股票難分軒輕，如果兩者都可以融資，我會各買一些，以免因為難下決心而延誤時機；如果一支可以融資，一支不可以，我傾向買前者，這樣才能買更多。

民國八十八年下半年，在多頭漲勢中，我的一位好友給我出了一道難題，他請我在他出國的一個月內，「逢高」賣出他持有的股票。當我逢高逐一賣出他的每檔股票後，股價卻又很快地創下新高，令我覺得很對不起他。

我發現問題出在這位朋友指定了一個月的期限，而且我只能賣不能買。不要說當年，即使在今天，我也抓不準某檔股票在未來一個月內的相對高價，我擅長的是在漲勢或盤整中，對自己的持股不停地汰弱換強。

我也體會到股價的莫測高深，只有在頭部或底部出現一段時間後，我才有後見之明。不過，這已足夠讓我在市場上賺錢。我的優勢在於我可以

廣泛地比較每一支股票股價的消長，用一套慣用的訊號來招呼自己進出場，而不是買來買去就那幾支老面孔，正如李佛摩所說：「我操作一種系統，而不是操作一支喜愛的股票。」

閱股無數，才有識股之明

「操作自己熟悉的股票」沒什麼不對，但這個論點往往會阻礙我們熟悉更多的股票。我們熟悉的股票可以只有幾支，也可以有好幾百支，差別在於每個人的格局和勤奮程度的不同，以及是否擁有一套系統化的方法。

熟悉的股票愈多，不代表持股的家數就要愈多，但因為有愈多的選擇，如果我們懂得做比較，我們愈好做選擇，愈懂得拿捏個股之間的進退。就像一個人在適當地和一百個人應對過後，比起只適當地和十個人應對過，絕對更善於觀察人際之間的進退。

我驚訝地發現，換股操作得愈積極，會漲的股票就像會自己跑來找

你；正如我們看NBA時，跑位愈積極、靈活的球員，愈能跑出投籃的空檔，而球愈可能傳到他手上。

但一般人傾向於不換股操作，這除了交易成本的考量，還包括以下三點不理性的原因。

一、「作為後悔」比「不作為後悔」更強烈：就像在考試中，我們先寫了一個答案，後來又覺得另一個答案好像也對而想要改，如果堅持用原先的答案，卻在事後發現一度想要改卻沒改的答案是對的，這種「不作為後悔」不會令我們特別難受；但如果改了新的答案，卻在事後發現原先的答案才是對的，這種「作為後悔」帶來的痛苦更強烈。同樣地，「換股的後悔」比「不換股的後悔」更強烈，這使得一般人不輕易換股；而且，持有股票的時間愈長，它們又沒什麼表現，持有者對它們投入的情緒成本愈高，愈傾向不換股。

二、怕麻煩：投資人以為要換股就要比較更多的個股，事情變得更複

雜，尤其當掛牌的公司家數變得愈多，愈不容易下手。其實，可供比較的對象愈多，愈好換股。

三、下意識裡害怕連錯兩次：

一般人不只是害怕換股後，賣掉的持股比新買的持股漲得比較多或跌得比較少，更害怕原本不會漲或只會跌的持股，偏偏一賣掉就大漲，而在此同時，新接的部位卻大跌。

賺股票最會漲的那一段

事實上，有的人換股操作，就真的連續犯錯。像我一位朋友，在民國一○○年十二月初瞄準了兩支股票──聯發科和宏達電，結果在二九一元買了聯發科。此後，聯發科載浮載沉，宏達電卻一路上漲（最多漲了五成），他忍耐了三個多月，終於趁著宏達電小幅回檔，賣掉聯發科，換了六○○元的宏達電；到了民國一○一年八月初，宏達電剩下不到三○○元，而聯發科在他賣出後卻還小漲。

不要說別人，就連我剛開始運用比較原則來換股，也常怪自己，「幹

麼把自己累個半死還『掠龜走鱉』？」但還好我堅持下去。隨著操練的次

數愈來愈多，愈來愈抓得住做比較時的關鍵細節，我才發現每一次的進出

都有其意義；隨著更多種類股票從我手上來來去去，我再也無從計算換股

操作是不是賺得比較多，只知道資金愈滾愈大。

我出版了第一本書後，有更多朋友請我幫他看某支股票的線形，希望

我給個建議，但通常該股離適當的買（賣）點已有一段漲（跌）幅，或處

於走勢不明朗的盤整期，所以我也提不出什麼建議。但如果他同時問我幾

支個股，我至少能約略比較出孰優孰劣。我同時而且隨時注意很多個股，

就是希望能找出相對會漲（跌）的股票，尤其希望能在它們出現強烈買進

（賣出）訊號的第一時間採取行動。

時間就是風險，也是成本，我覺得做股票時，抓住漲勢確立的訊號，

比抓住底部更容易也更有意義。買進股票的時機比價位更重要，往往付出

的成本要更高，才更確定股價要漲了，我要賺的是股價最會漲的那一段，而不是看股價便宜就買起來等。

換股，讓每一分錢的運用更有效率

我們買股票就是要賣，但「有賺錢」不該是賣股票的理由。我賣在個股漲不上去或要下跌了，或有更好的標的時；我重視賺錢的效率，奉行「漲久不如漲快」。在多頭市場，我重視的不是某支股票「總共讓我賺多少錢」，而是「在多久的持股期間內，帶給我多少的報酬率」。如果我能持續抓到漲得更快的股票，雖然我只賺到過手的股票中漲幅的一段，但把參與過的個股每一段利潤加起來，相當於我持有的股票漲得快又漲很久。

我更驚訝地發現，在積極換股的模式下，如果自己的氣勢正好，賺來的錢實現後，又可以用來做融資的保證金，操作的規模比抱牢持股時滾得更大，每一分錢的運用更有效率。比如說，融資保證金須自備四成，我以

一百萬元的自備款，買了大約二百五十萬元市值的A股，在該股上漲兩成時，持股的總市值來到三〇〇萬元；如果我覺得B股會漲更快，而賣掉A股，扣除進出成本，獲利四十八萬多元，連同原先一百萬元的自備款，我可以買進大約三七〇萬元市值的B股，操作規模比不換股時多了二三％。

當然，如果我們就同一支個股來回操作，也能擴大到相同的操作規模。

同樣地，在積極換股的模式下，如果自己的氣勢不佳，賠掉的錢實現後，即使要再度十足地運用融資，可以買的金額卻變少了，操作自然轉趨保守。這相當符合我「連贏要衝，連輸要縮」的操作原則。

新的，你會更喜歡

懂得汰弱換強後，我的操作模式逐漸從「被迫解決問題」轉型為「主動尋找機會」。以前，手中股票賠錢時，我只會等著解套；後來，只要找到看來更會漲（甚至是較不會跌）的標的，覺得能從另一筆交易賺回來或

至少少賠，我就能很輕易地把賠錢貨給結束掉。如果手中持股是賺錢的，我也不必操心何時該賣，只要找到更會漲的標的，問題就迎刃而解了。等到似乎很難再找到可能更會漲的股票時，大盤可能已經轉弱了，這時就要嚴控持股比率，只賣不買。

我有一位朋友說她愈來愈會選股，卻因為「要先賣掉舊持股才敢買新的」，或因為先前買的還賠錢而捨不得換，在糾結於要不要賣掉舊持股時，新標的漲上去了，從此下不了手。當資金買滿時，只要我的舊持股不會跌停賣不掉，一有看來更會漲的新標的，我先買再來減碼舊的，不管舊持股是賺是賠。早期我資金很少時，有時新買的股票漲停叫進，而預定要賣的舊持股也全部漲停惜售，我在盤中趕緊打電話向親友調錢，有人要借我錢，我一張不賣。

在人生重要的事當中，有些即使可以取捨，也不能說換就換，例如配偶不能說換就換，因此我們不能充分練習；但股票需要人接棒，賺差價勝

於賺股利，我們在換股時，不必受道德約束，不必帶感情包袱，如果我們充分操練而懂得做對照，不僅可以從迎新棄舊中得到樂趣，更可以得到利益。我的小編曾問我，「你換來換去，會不會反而少賺？」我回答「我們就是要訓練到自己能夠多賺。」也有朋友問我「你這樣操作不累喔？」但如果我們覺得操作好玩就不那麼累，真正累的不是身體上的累，而是套牢時心理上的累。

第8課 決定股價的關鍵因素

輸家在技術面不對勁時，用基本面來長線保護短線

贏家在技術面不對勁時先出脫，等跌下來再考慮回補

威廉・歐尼爾說：「供需法則比華爾街所有分析師的意見更重要。」

而科斯托蘭尼的座右銘：「股市的漲跌都取決於市場的傻瓜比股票多，還是股票比傻瓜多。」都點出同時影響股價的是投入市場的資金和股票供給量。此外，股價本身也會影響股價，所謂：「股票連三紅，散戶不請自來！」指的是就算沒有基本面配合，但人氣旺了，股價也可以炒高。

股東平均持有張數代表籌碼集中度。理論上，同業之間股東平均持有

張數越高的公司，享有的本益比越高。民國一〇九年底萬海當時股東平均持有張數為四十三‧一四張，長榮為二十二‧五三張，陽明為十六‧七一張，民國一一〇年底萬海、長榮、陽明則分別為二十一‧六四張、十二‧〇五張、十‧三七張，萬海的股東平均持有張數一整年比另兩家同業高很多，難怪民國一一〇年萬海每季公布的每股獲利都不如長榮和陽明，股價卻一路高出一大截。

公司派大股東占盡主場優勢

原則上，股本愈小、上市時間愈短的股票，流動籌碼愈少。籌碼從原始大股東手上散出，在市場上轉來轉去，等到股票重回它原來主人的懷抱，經常意味著股價超跌或公司的營運即將好轉。但我們怎麼知道籌碼的歸宿呢？我除了參考總股東人數和董監事、大股東持股比率的高低以及變動情況，還會參考融資餘額。但最直接的方式是看成交量的變化。

記得當兵時，我每次在休假日回台北的號子看盤，在靠近我營業員的櫃台邊，總會看到一群歐巴桑圍著一位被稱為「廖老師」的中年人，聽他發號施令。不管行情急拉或急殺，廖老師總是神色自若，好像盤勢對他來說毫無祕密可言。站著如嘍囉的我好幾次忍不住把身體湊過去，想聽聽看他在說什麼，但號子很吵，聽不清楚。

退伍後，在民國七十八年底，我重返這家號子看盤，人潮依舊，惟獨不見廖老師。我向營業員打聽，才知道廖老師賺了超過十億元之後，不久前全家移民紐西蘭。過沒多久，股市崩盤。

大漲時不爆量比爆量好

民國八十一年底，我的營業員告訴我廖老師回台灣了，並約我和廖老師吃飯。席間，我問廖老師，怎麼知道要在崩盤前先走一步？他說，他在民國七十八年十月陸續出場時，每支股票都爆量大漲過，而且好像都已經

漲不上去了。他還說，在紐西蘭整天釣魚好無聊，知道台股在大跌萬點後反覆打底了兩年多，籌碼趨於安定，加上市場又添了一批新上市的電子股，所以他回來了。

我回家後研究了線形，發現民國七十七年時，指數在短短九個月從年初的二千三百點漲了六千多點，單周成交量僅從原本一千億元左右擴增到三千億元左右，但在民國七十八年十月，指數只不過又再漲了一千多點，七千億元以上的周量卻經常出現，原本安定的長線籌碼已大筆出籠，難怪廖老師起了戒心；而等到民國八十一年年底前的一兩個月，周成交量更一路壓縮到五百億元以下，而股價似乎是跌不下去了，或許這正是他準備進場的原因。

結果，在廖老師進場後不久，台股由電子股領軍，從三三○○點連續漲了四年多，漲到一○二五六點。

經過自己在市場上的驗證，我愈來愈認同廖老師「量大做頭，量小打

底」的觀點，但是，要把成交量和股價擺在一起討論，成交量本身不能作

為技術性的指標。原則上，我不怕量能急速萎縮，尤其在股價大跌後，我

怕的是量能擴增太快，尤其在股價大漲後。多頭行情時，大量之後還有更

大量，量價一波比一波高，然而總會出現一次大量之後不再有更大量，如

果我們太迷信「量大非頭」，很可能在量能無法進一步推升股價時被套

牢，尤其當出現近期最大量而股價收長黑時。例如民國九十六年七月二十

六日，大盤在急漲四千點後，爆出三三二○億元的巨量，收兩百多點的長

黑，當時媒體大多解讀為「量大非頭」，事後證明是「量大回頭」（見 P.212

附圖）。

股價反映預期心理

　　而且，我看到的很多情況不是供需面的改變影響了價格，而是預期供

需面會改變的心理左右了價格。例如公司派為了營造容易調節持股的環

境，總會誇大該公司的營運前景，巧妙地利用耳語來傳播，細節描述得愈詳細、愈量化，或該題材正流行，更能激發預期心理；尤其當報明牌的人慷慨激昂地告訴你，「這個消息來自公司最高層，只告訴你一個人」，或「你現在買的價格和公司派買的一樣」，更吸引人。

而最具感染力的是這則消息白紙黑字印成鉛字，登在報紙的頭版頭條。就像媒體上的賣藥廣告，很多人以為在眾目睽睽之下，媒體敢報導，就有一定的可信度，但其實我們應該合理地懷疑，對某家公司評價很高的人士，不管是擁有該股才看好，還是因為看好該股才擁有，是否滿手股票，正準備等股價拉上來後倒貨給你？

股價的供需兩股力量不是獨立的，而是會互相影響，像買方搶購會造成賣方惜售，賣方拋售會引起買盤縮手，投資人在做買或賣的決策時，易受到主力、大戶的操縱。為了不會任意受到預期心理或參考點的牽引，我們要透過技術分析來衡量供需的相對力量，推敲股價將往何處去。

在某種程度上，股票周轉率提高，形同流入資金增加，有利於股票的上漲。在我長期觀察券商進出表的過程中，有好幾次在原本走空頭走勢而長期量縮的個股，突然在某些券商出現集中買盤，儘管該買盤在幾天內，甚至在當天，就反手賣出，該股股價也在上漲後隨之拉回，卻在成交活絡後，從此開啟了由空翻長多的契機。尤其在多頭市場，有些大戶的必殺技是拉抬當日題材股到漲停鎖定，尾盤虛掛買進張數，隔天開高震盪出貨。

飆股是炒作出來的

投資人都喜歡一窩蜂。股價愈疲軟，大家愈觀望，想要等更低價，但一出現反彈，走勢愈強勁，愈多人搶買，大家惟恐買不到。而洞悉人性、懂得行銷的公司派和主力，又利用「愈買不到愈想買」的人性來操縱股價，動輒把股價拉到漲停來營造上漲的氣勢，讓猶豫不決的人下定決心跟進。市場主力並在漲停後大筆掛進，製造惜售的氣氛，以遏阻賣壓。他們

還拉抬股價，造成股價頻創新高，讓投資人覺得「今天的高價是明天的低價」。這不是說我們不能追漲停或創新高的股票，而是說在追漲時要看股價的位置和基本面。

比如說，原本在十五元盤整的某支股票，突然急漲到三十元，這時原本在十五元想買而沒買的人就會很懊惱；如果股價在三十元盤整一段日後，又急漲到五十元，這時懊惱的人不但更多，他們更害怕如果不買的話，股價會像先前一樣又再漲一波，終於忍不住進場。如果主力想在五十元附近出更多貨，最好是配合關於該公司利多的報導，讓投資人強烈感受到，這家公司的體質已完全不同於往昔十五元或三十元時，而能更快接納或適應這麼高的新價格。

但也有可能，潛在買盤的參考點還停留在十五元或三十元，嫌五十元的股價太高了而不跟進。主力在出貨不順下，於是再度把這支股票拉抬到七十五元，然後把股價往下殺，很可能在殺回五十元時，即使這時的基本

形），卻有可能吸引到大量買盤。

面並未比先前拉到五十二元時更好，技術面甚至是更差了（因為頭部已成

不要預先設定股價會漲到多少

在這些新增加的需求裡，有一些是根據「強勢股逢拉回買進」的原則

而進場，殊不知該股在拉回過深後，原本的漲勢很可能已變成跌勢。也有

一些人是因為記憶而進場，他們或是因為錯過了之前從五十元漲到七十五

元的那一段行情，當市場再度給他們機會，自然不會放過；或是因為把參

考點提高到七十五元，認為原本要賣七十五元的股票（尤其是這個高價才

出現在不久之前，記憶猶新），現在只要五十元就可買到，實在是太便宜

了，他們預期會出現反彈。

在《股票作手回憶錄》中，李佛摩提到了他炒股的心得。他說：「股

票要盡量炒到最高價，然後一路壓低，散給大眾。」他認為，除非出貨的

時機選擇得太晚，投資大眾已吞下了其他的誘餌，否則，出脫一支股票的主要方法，是要一路往下賣。他回憶起，「在股價下跌時，可以出脫這麼多股票，的確令人震驚。」

李佛摩給投資人的忠告是：不要只因為股價從頭部下跌多少元，就進場撿便宜。我從中得到另一個啟示：既然主力總是把股票炒到最高價，然後才一路壓低，所以我們不要預設立場，賺個幾成就跑。

對重大轉折點的敏感度，決定了勝負

例如，民國一○九年疫情蔓延時，長榮於三月十九日創近期最低價八・九元（見 P.133 附圖），當時總股東人數十二萬九九七四人，民國一○九年底長榮股價彈升到四○・七元，總股東人數增為二十一萬七四一七人，散戶螞蟻搬象；總股東人數在一一○年四月九日來到當年度最低的十九萬八二四一人，當時收五十元，一些低成本進場的散戶在飆漲前被洗

掉；隨後股價上漲到一二四元，總股東人數大幅增加了十一萬五九○三人，這九周來重演大戶丟、散戶撿；又三周後急漲到二○六・五元的周收最高價，在十四個交易日中，長榮有十日被第一次處置，成交量大幅萎縮，但總股東人數又增加了六萬四六六四人；隨後急跌至周收一五四元的這三周，在十五個交易日中，有十日被第二次處置，在股本和做頭前三周一樣都沒有變化而且成交量大幅萎縮下，小股東人數更增加了九萬三○七三人，達四十六萬七八八一人。

在做頭前三周，很多長榮小股東因看到先前只漲不跌而進場或不賣，也許是因為沒漲到目標價而沒脫手；更多苦主是在做頭後三周，因覺得股價變便宜了而太早進場，而在跌勢擴大後還心存期望而沒出脫。陽明、萬海也同樣有這種愈接近做頭前後，股價漲跌最凶猛，而小股東人數暴增愈快的傾向。更誇張的是，台積電在漲抵六七九元高點的前後三周，總股東人數暴增三成，來到七十九萬四二九二人。

4326 張 +0.50 (+0.32%)

長榮(2603)　周線圖 Ⓜ　111/10/11 開 153.50 高 158.00 低 153.00 收 156.00 s

資料來源：XQ 全球贏家

在多殺多之後，大多數人都很懊惱，都覺得自己早該賣，但我們怎麼知道大戶要不計價殺出！其實我們至少可以在看到跌勢加劇、疑似頭部已形成而跟著追殺，例如在飆股出現第一根長黑或跌破近日低點時。我們呆若木雞的原因，包括掛念著該股不久前公布的基本面有多好、跌破成本價就想放長期，或把參考點放在不久前出現的高價，這些都是由於定錨的心理。例如，長榮股價從最高價跌破近日低點一九七‧五元，我們不肯「殺低」，因為幾天前還看到二一○多元（見 **P.136** 附圖）。定錨的心理還讓我們即使有減碼也減得不夠快，因為和最多時的持股一比，如果減太多，一時不能適應，還怕賣掉後股價漲上來會少賺很多，所以有時賣掉後一有小差價，甚至又接了此回來。

關鍵不在於該不該攤平，而在於看不看得出高檔或低檔

在高檔忍不住追高的投資人當時常用「萬一股價跌下來再攤平」來壯

膽，但由於不認輸，往往會急於攤平。長榮減資六成前，有網友說，「二

○○元以上都在買了，一五○元出頭反而不敢買？」事實上，尤其對於大

漲過的股票，因為跌幅總是出乎意料，一般人急跌時的加碼時機往往應該

是要減碼才對，這樣才比較符合節奏，否則愈陷愈深，等股價跌到低檔，

反而無錢可攤甚至熬不住。

例如，長榮周線從最高價跌到七月二十三日的一五四元後持續下跌，

總股東人數仍逐周穩定地增加，散戶心態仍偏多，這過程中一定有不少人

攤平，跌到同年十月一日的一一三‧五元時，總股東人數來到五十一萬三

一三八人，十周來增加了四萬五二五七人；隨後股價探底至八十五‧五

元，總股東人數反而減少了一萬五九○六人，再反彈至一一八‧五元，總

股東人數又減少了二萬六四九九人，這八周不少小股東畢業了（見 P.133

附圖）。相對於在二三三元做頭前後，小股東人數暴增，在八五‧五元打

底前後，總股東人數卻減少了。順便一提的是，截至民國一一一年十月

資料來源：XQ 全球贏家

底，長榮總股東人數最多的就是民國一一○年十月一日創下的五十一萬三
一三八人，較民國一○九年三月起漲以來增加了超過了三十八萬人。

陽明從高檔探底途中同樣有總股東人數增多，卻在築底前後總股東人
數減少的情形。這是因為我們的注意力總是定錨在最近時點的盤勢或消息
面，對未來所謂的研判，常只是眼前情緒或感覺的擴散，因此在股價持續
大跌後，原本在高檔不賣的投資人，卻可能賣在低檔；或者，原本在高檔
出清的投資人，卻不敢在低檔進場。就像《股市陷阱88》中所說的：投資
人經常「追高殺低」，因為他們的情緒囿於眼前，很難想像一個完全
不同的未來。

做股票最重要的心態是「此一時，彼一時」

民國一一○年七月六日長榮最高來到二三三元，收二二四元，因為波
段漲幅太大，在即將被處以二十分盤交易前，由於先前陽明被處置時，以

及不久前長榮第一次被處置時股價仍大漲，我有個朋友十分認同網路平台上「愈關愈大尾」的說法，她說「被關也好，有跌下來再買。」隔天長榮被關收跌停；再隔天收盤後報載拜登政府要調查海運運價，股價又急跌到一百八十幾元的盤中，她傳來ＳＣＦＩ運價指數還在創新高和長榮明年可配多少股利的訊息，我跟她說，「在大漲後，基本面的利多不是利多，因為股價已提前反映。」她在一五四元出清後，從她在電話中懊悔的語氣，要不是我知道她在三十元附近因強烈看好基本面而進場，還以為她是輸家。

等長榮跌到一○○元附近時，她又提到現在還有人在說貨櫃股明年可配多少股利，言下之意不看好它們的後市，我跟她說，跌幅超過一半的長榮形同殖利率高出一倍以上，在基本面持續看好下，這不是說我們要參加配息，但可期待股息宣布前的行情；而且，除非大盤走空，通常基本面好的個股在大漲後不會一次就跌破還原權息值的二四○日線，例如同一年度的台積電，而當時長榮緩步推升的二四○日線已快來到八十元（見 P.142

附圖）。她問我，「反彈幅度不會高吧？」聽起來她沒打算進場，我回答，

「反彈了才知道」。

長榮從八十五‧五元反彈到周收一一八‧五元時，我和她聊到，長榮從二三三元跌到一四八‧五元時是直線下跌，然後反彈到一八九元後再破底，她突然靈光閃現地說：「會不會反彈到一四八‧五元才有反壓？」結果長榮初步反彈至一四九元（見 P.132 附圖）。

反彈結束後，陽明跌破二四○日線，長榮也跟著探底，但接下來長榮守住二四○日線，最低來到一一○元，多頭鬆了一口氣；緊接著陽明在民國一一一年農曆年開紅盤時，一站上一○三元的二四○日線，就急拉並觸及漲停價一○八元，強勢收漲停，可見很多人都視站上二四○日線為多頭轉強點。

一般人常一廂情願，漲時看漲，跌時看跌，買進後就預期股價上漲，賣出後就預期股價下跌，先入為主的觀念讓他們的多空心思轉不過來，甚

至連《股票作手回憶錄》一書中也提到，「因為要改變大眾對股票市場的觀點，要花非常久的時間，連專業的交易者大部分時間裡，都是緩慢而短視的」。但少數被市場調教得很敏捷的人，看多了主要和次要波動、底部和頭部，隨時冷靜研究基本情勢和交易者的心理，順勢但不會太「靠勢」，他們不是憑感覺而是有依據，知道漲幅愈大的波動可能終結於第一根長黑，甚至是連續出現幾根小黑；同樣的，他們在大跌後的第一根長紅或甚至是連續幾根小紅後，關注會不會出現反轉。

資料來源：XQ 全球贏家

第9課 基本面的比較

輸家認為內線消息是天上掉下來的禮物

贏家認為搭上好康的內線機率低，就算有，還是要透過

自己的方法來分析

基本面的消息讓我感受到市場的氛圍，是我進出股票的指引之一。我

尋找即時、可靠又有用的資訊，跟進可能同樣會吸引到別人的題材股，而

在題材已大致反映、無法落實或已經失寵時出場。此外，由於漲（跌）停

板限制，消息有時不能一下子完全反映在股價上，使得消息面還有剩餘價

值。

我還依照消息面的發展來印證或修正看法。當大盤或個股沒傳出重大消息，而技術線形面臨攤牌時，時間不容許我對消息面追根究柢，我先做決策再說。但如果知道發生了什麼事，就可以拿來和技術面相印證，至少可以避免在開盤前貿然掛進傳出突發大利空的股票，或貿然掛出傳來突發大利多的股票。

資訊在精不在多

劇作家莫里哀說：「知道太多的傻瓜比無知者愚蠢兩倍。」篩選基本面的資訊，並非每一個層面的訊息都要照單全收，而要直接切入強烈影響股票漲跌的因素，然後視不同的產業和市場當時的喜好來做調整。關鍵因素當然是盈餘，而且永遠都是。盈餘的領先指標除了營收外，某些產業產能或庫存的消長，經常扮演了關鍵角色。

除了消息面是否有用，我還重視訊息的及時性和可靠性。我重視盤中

的即時新聞，尤其是先前尚未在媒體披露過的消息。我不太在乎總體面的消息，如經濟成長率、貨幣供給額年增率等因素，我較重視上市公司官方公布的營運狀況，不看那些「公司內部指出……」、「法人預估……」、「權威人士透露……」等沒有具名的報導。

我重視單一月分的統計數字，並參考公司公布的預估性資訊，以便及時調整自己對產業景氣的看法。我除了以每季的營收與每股常態性盈餘和前一年度同期做比較，並逐季的做比較外，也關注公司營益率（每做一塊錢生意的獲利能力）的變動，以及公司是否有新產品、新技術、新訂單、新經營團隊。

個股突破前高，最能激起大眾跟進的情緒

基本面的重點在常態性盈餘。民國一一○年四月二十八日，聯發科在盤後召開法說會後，媒體大肆報導，該公司決定今年起連續四年每年加發

十六元現金股利，以及第一季每股稅後盈餘從上季的九・三四元激增至十六・二一元；卻只有少數媒體報導，聯發科這一季二五七・七二億元的盈餘中，有高達八十八・七八億元來自業外，除了股息、股利，還包括處分廈門星辰科技股權認列一次性利益五十九億元。法說後內外資法人紛紛調高目標價，亞系外資更喊出兩千元元新天價。隔天，聯發科拉出漲停，以一一八五元新高一價到底，外資淨賣出一二四一張，此後更在外資為主的賣壓和疫情空襲下，股價急跌到八二二元，短短八個交易日跌了三成。如果我們早不買晚不買，卻等到利多登在媒體頭版頭條才去追高，即使能解套，套牢期間不但浪費了機會成本，也少了很多操練的機會。

比較同時期的長榮自一○○元、陽明自一○五・五元下跌，跌幅都是三成六九，還超過聯發科，但長榮、陽明在反彈後連雙腳的W底都不必打，而是以最強的V型走勢直創新高，而聯發科的初步反彈連跌幅的一半都不到，一邊上檔海闊天空，一邊烏雲罩頂，資金當然湧向有錢賺的地

方，結果前者雙雙一波到頂直上二三○元，而後者股價載浮載沉（見P.137 和 P.320 附圖）。

投機客追求速戰速決，最怕的不是股價暴漲後暴跌，而是行情如一攤死水，他們相信個股一定會輪動，但不會因為好股票整理很久了就買起來等，而是等個股有大漲的跡象時再去買。股價最怕漲不上去，如果不能一鼓作氣創新高，就可能直接倒V型反轉或需要時間整理，整理後也有可能「再而衰，三而竭」而破底，難不成主力要耗費巨資去幫套在山頂的人全部解套？但更過分的是外資報告還紛紛落阱下石，單單一個多月光景，滙豐甚至把聯發科目標價從四月二十九日的一五五○元砍至八百元。

股市是大股東吃小股東的市場

我平時就會注意公司股本歷年增加的幅度和方式，但在看即時新聞時，我關注的是董監持股有沒有最新變動的消息。如果其他條件類似，我

喜歡買進董監持股比率較高而且董監持股比率突然增加的公司，也會買進董監持股比率低但有經營權爭奪題材的公司。

我原本很重視每股淨值，直到我誤踩了地雷股訊碟。當年，我因訊碟的每股淨值遠高於股價而買進，當訊碟總是一如其名，莫名其妙地領先大盤「迅速下跌」，我雖然覺得不對勁而減碼，但顧及它每股的高淨值，賣得不乾不脆；直到民國九十三年九月一日大股東掏空公司的消息見報，我才斷然以跌停板四‧三九元出清。從此，我變得不太注意股價淨值比。

此後，有一段時間，我很注意上市公司的海外轉投資公司是否太多，參考上市公司關係人交易，來判斷轉投資公司是否淪為做假帳、堆積存貨的溫床；我也會注意上市公司的長期投資及固定資產等是否減損、存貨及應收帳款是否遞增、股票交易是否異常、董監事和大股東質押比率是否偏高、經營團隊（尤其是財會主管）或簽證會計師是否經常換人；我也會注意上市公司發行CB（可轉換公司債）、ECB（海外可轉換公司債）的

額度或買地、辦公大樓的支出，相對於其財務狀況和產業前景是否偏高，以及負責發行CB或ECB的承銷商是否具有規模。但這些財務資訊公布時，有時我已上了賊船。

於是，我更加關心股東的結構。從人性的角度來看，如果上市公司董監持股比率夠高而且董監事不是經營階層，基於自利動機，會比較勤於去監督經營者，如果這其中沒有董事會家族化的問題更好。較麻煩的是，如果董監事持股比率很高，同時也是經營階層，他們做決策時，雖然會更為謹慎，卻也比較容易自肥。針對這種情形，我們與其寄望公司派不會將私利擺在股東權益之前，不如在介入前留意企業主的形象。

企業形象比基本面數據重要

我盡量不以過去的標準或觀感來評價一支股票，以避免羈絆了對其未來的展望，但這有例外，我不太碰公司派形象差的股票，即使其本益比偏

低，我寧可不賺這些股票的錢，一來是為了規避投資風險，二來是為了避
免助紂為虐。例如，我不喜歡買大股東藉著買賣房地產、發行ECB、
GDR（全球存託憑證）或辦理私募，或藉由分割子公司等名目，以不當
的條件或價格自肥的公司，和藉由辦理現金增資或召開股東會軋空炒作的
公司，我尤其不碰財報不只一次揭露不實的公司。

我也不喜歡買進市場作手介入經營的股票。通常市場作手介入經營有
兩種情況，第一種是炒股炒太凶了，被原先的公司派倒貨，炒股炒成大股
東；第二種是錢賺太多了，為了提升形象，想轉型成為企業家。不管是哪
一種情況，市場作手不是無心經營就是不懂經營。在經營不順後，有的作
手會藉由私募來稀釋小股東的股權，並申報轉讓持股來套利，這還算是比
較有分寸的；比較狠的作手，甚至會掏空公司。

除了平時多留意掛牌公司的正負面新聞，也可以上網搜尋，如果有機
會，我在向該公司的同業或上下游業者請教該公司的營運面，以拼湊出其

營運樣貌之餘，還會打聽該公司經營者的風評。

我有一位朋友，因為買股票的錢不夠，而在我的帳戶下單。剛開始有賺錢，他賣掉股票後把錢拿走了；後來買的股票被套住了，他卻一直不聞不問。過了三、四年，這些股票離解套還很遠，他打電話來了。

他說，他現在在某家上櫃公司擔任發言人，一再暗示我，他們家的股票可以大買。他的口氣很誠懇，看來似乎要回饋我明牌。我把該股的線形叫出來，一看，股價已領先大盤逼近近期高點，只要加把勁，股價似乎就要展開波段行情。但我一想到該公司董監事持股只占七％、質押比率超過五成，而且老闆以愛炒股票聞名，幾經掙扎，實在買不下去。然後，我眼睜睜看著該股一路急漲三成。剛開始實在很懊惱，但一想到這些操作原則這麼多年來幫我趨吉避凶，還是要遵守，才稍微釋懷。沒多久該公司巨額虧損的消息登在日報頭版頭條，股價無量跳空跌停，接下來被打成全額交割股。

訊息多了，思考就少了

基本面好的個股或營運有翻轉跡象的我才敢大買，大買的個股如果大漲，即使技術面沒問題，也要業績跟得上來我才抱得住。越玩越大後，即使持股家數越來越多，但我的核心持股通常不會超過五、六檔，這些持股都是比較有把握而且通常是有獲利後加碼的，然後緊盯這幾支決定勝負的持股，而其他觀察中的個股如果表現好，也有可能加碼成為核心持股。

那怎麼挑選出這些主要持股呢？就像《上億資金怎麼玩？》中提到的「關鍵在於長期累積知識基礎，然後某種事件或新資訊會憑空激發思考過程，突然間你就發現了投資機會。你不能強迫而必須有耐心等待靈光閃現，如果靈光不閃現就『靠岸』等待時機」。

當行情如過站不停的特快車，我不會苦苦等待某支股票的拉回，隨時會找股票切入。我在盤中掃描最新消息，尋找超出市場預期的利多，每多看一個消息，就多一個切入市場的機會。如果出現利多的個股是主流類

股，而該股近期漲幅相對其他同類領導股，並沒有多很多，我會用「我準備賣掉的股票也有一段漲幅」來自我安慰，追進已經漲更多但看來更會漲的股票，不管它短線是否拉回。

雖然每一百條資訊，可能只有兩三條值得進一步探討，但為了怕漏掉極少數有價值的資訊，我在盤中還是得一一掃描全部即時資訊的標題，有必要的話再看其內容。後來，上市公司家數驟增，提供即時新聞的資料供應商更多了，我只能看多少算多少。但我隨時會留意核心持股的最新動態，觀察的個股中有時早盤試撮價突然開很高（或很低），雖然大多數做價的單子在臨開盤前都會被取消，但我會搜索是否有突發利多（或利空），再來決定如何應對。

麻煩的是，有些出乎市場預期的新聞在曝光前，知道這則消息要登出來的人已經在幾分鐘前搶買或搶賣，造成股價已先行反映；而且，如果我們沒有在消息一登出來就看到這則新聞，只延誤一兩分鐘，價差就拉得更

大了，甚至相關個股以漲停或跌停鎖死了。在相見恨晚之下，如果還買得到或賣得掉，我只能退而求其次，用技術分析評估還要不要買或賣。

此外，開盤前一個剛出爐的重大利多，比在盤中才曝光的重大利多，有更多的人知道。這時，或許我們覺得如獲至寶，但問題是別人也伺機行動。所以這時的決勝關鍵在於要依賴技術分析來判斷：該不該追高？要追多高？

只有在市場氣氛極度樂觀下的利空或極度悲觀下的利多，利空和利多才比較可能顯得原汁原味。市場氣氛極度樂觀時，當重大利空題材股在多頭氣氛掩護下，跟著雞犬升天，正是放空的良機；市場氣氛極度悲觀時，當重大利多題材股和別的股票，就像被秋風掃過的落葉，同樣零零落落時，正是撿便宜的好時機。

鎖定空頭市場中的重大利多題材股

一位老師教過我：「我們應鎖定跌勢進行中的重大利多題材股，等大盤落底後買進。」我在實戰後發現，這樣的說法好比安慰自己「等有空時要去電影院看某部電影」，往往等有空並想起此事時電影已下檔。在股市的實戰中，我們不容易緊盯某支屬意的股票，等大盤打底完成，不是已經忘了這件事，就是這支股票可能已經一飛沖天，因為別人同樣虎視眈眈。

對於基本面不好而技術面好的個股，我常買進，只是不敢買太多；但對於基本面好而技術面不好的個股，我卻不常買，除非是在空頭市場中基本面出現大利多的股票。在大盤跌勢中，一得知某支股票最新的重大利多，如果它的價格走勢呈現某種穩定性，感覺上漲不太下去或相對其他股票抗跌，甚至已開始慢慢爬升，這些時候是比較安全的買點；但我不一定會等這樣的時機出現，只要該股適度地反映了大盤的下跌，即使線形偏空，我也會買進。

在大盤可能續跌的考量下，在買進的同時，我減碼或放空技術面更差或基本面沒那麼好的個股，或是放空期指來控制多頭部位。真正擁有了一支利多題材股，我才能與它共存亡。如果大盤持續打底或探底，它卻逆勢上揚，我會加碼買進，因為我知道，它將像早春的櫻花領先綻放。

對於基本面資訊的萃取和研判，我起初也沒把握，可是結合了技術分析，就如虎添翼。我慢慢知道，關鍵不在於消息有多好或有多壞，而在於當時的價位，所謂「好消息，好價格；壞消息，壞價格」。要評估消息面是否已完全反映在股價上，必須回歸到技術線形。一旦出現可能值得注意的基本面數據，我叫出看盤電腦中的資料來對照比較，有必要進一步評估的話，我把技術線形叫出來，並視需要在電腦螢幕上畫線，一貫作業地快速決策。我的命運不是決定在虛虛實實的市場情報，而是掌握在自己的指掌之中。

第10課 技術分析比基本分析好掌握

一般投資人重基本分析、輕技術分析

贏家相信自己經市場驗證過的分析

《上億資金怎麼玩？》一書中提到一位證券業務員的話，「想靠著看報紙判定世界大事，就像看著分針，想知道幾點鐘一樣。」對靠消息才能做股票的人，這簡直不可思議，但對《我如何在股市賺了二○○萬美元》這本書的作者達瓦斯而言，想靠著媒體上的報導判定股價後市，就像看著分

針，想知道現在的時間一樣；而且，就他的操作手法來看，想靠著技術面判定股價後市，就像只看時針而想知道現在的時間一樣，可以大略知道。

達瓦斯除了禁止他的營業員向他通報消息，還每天把買來的晚報股價欄撕下來，接著直接把金融版面的其他內容扔掉，他說他不想去看那些有關財政金融的報導或評論，不管這些消息有多正確，都只會導致他脫序。

他用股票箱理論，在股市賺大錢。

民國八十年初，敝公司新任的總經理嚴禁我在公司內傳遞任何市場消息，以免這些「噪音」干擾了他的技術訊號，我第一次親眼看到竟然有人不聽消息就可以做股票。但當時我對這項規定，表面上不敢有意見，私底下卻頗有微詞。

做股票最重要的是迎合市場

在股市歷練了超過十年，我較能體會到，市場消息即使是正確的，也

很容易誤導我們。這是因為投資人所能接觸到的基本面或消息面的資訊，

只占影響股價因素中的一部分，何況投資人接觸到的只是片段的、枱面上的資訊，僅根據這些資料，不但無法對後市做整體的評估，還會羈絆住自己的想法。比如說，一則「某家公司接到大訂單」的報導，可能已提前反映在股價上或在曝光後同步反映在股價上了，卻會在大盤正要翻空時，讓我們失去戒心。

個別投資人雖不能知道市場上所有的基本面或消息面的資訊，但市場整體卻能將這些複雜的資訊加總反映在股價走勢圖中。技術面除了大致反映了已經公開的事，還包括枱面下正在醞釀的事以及買賣雙方的實力和心理，涵蓋的層面更廣。總之，基本面的事比較零碎，技術面的事比較純粹，純粹才有力量。

而且，個股基本面的變化並不能直接轉化成持有者的獲利，股價的變化才一定能；何況，營運的展望可能下一季甚至下一個月就不明朗了，資

訊的公布也有一定的空窗期。股價的大變化一定有原因，但未必是基本面或消息面，也有可能純屬技術面或籌碼面，而且，就像《股票作手回憶錄》中說的，「原因可以等待，但是你必須立刻行動，不然就會被拋在後面」，我們要重視的是股價起伏，用技術面來評估股價更有機動性。

就像民國一一○年七月長榮、陽明自二三○元以上急跌，很多人都在說，這是市場對明年的景氣有疑慮，但持有者總不能抱到明年等景氣明朗再採取行動。漲了好幾倍的股票看來無法再創新高而往下走時，不管這是技術面的修正或是漲升的趨勢已改變，先出脫一些總是比較沒壓力。事實上，直到當年年底SCFI運價指數還屢創新高。即使市場有力人士大多看錯基本面，但沒有所謂的「錯殺」，市場永遠是對的；像報載拜登政府要調查海運運價，在市場爭論是否「錯殺」聲中，當時長榮股價還有一百八十幾元，結果跌到八十五‧五元。

價值很難定，趨勢較易抓

隨後長榮從八十五・五元初步反彈到一四九元，拉回到一一〇元，又因市場預期高配息而急拉到一七二元（見 P.132 附圖）。宣布配息、減資後，往下探底時，股市爆料同學會有一段貼文很有見解，「其實不要再用基本面、營運來自己騙自己，然後說股價有多委屈，股票一開始是用來投資的沒錯，但事實上股市就是用來投機的，股價跟基本面有關，但是最有關都還是操作獲利，現在航運股其實跟減資、配息滿意不滿意沒什麼太大關係，如果是減資影響，陽明跟萬海為何要一起跌？就是獲利了結而已。

長榮從一一〇元漲到一七二元，不快點了結獲利，難道是要長期投資嗎？……」

我們都知道對於股價炒得脫離本質太多，或已提前反映了好幾年後榮景的股票，一旦苗頭不對，已進場的人要趕快開溜。但我不認同「有基本面做後盾的股票跌下來也不用太緊張，因為股價遲早會反映真實的價值而

漲回來」，因為這會影響我們在跌勢初期賣股票，也不知道股價到民國幾年才能漲回來。此外，股票的價值難定，而且基本面可能有我們不知道的重大變化，所以我們很難界定股價是否漲過頭或跌過頭；何況，超漲或超跌原本就是市場的常態，股價從不合理還會漲（跌）到離譜的地步，如果太重視基本面，就不能隨著市場的進展來應變。

股價並不是單獨由基本面決定的。在一支股票暴跌（或暴漲）五成的前後，股票的內涵可能沒有太多改變，變的是市場的人氣。如果我們在跌勢中用基本面安慰自己，比如說推估本益比已下跌不到十倍，就不能及時減碼，甚至會急著攤平。就像溫克曼所著的《華爾街十年生死》中說的：

「凡是想在股價波動和目前經濟統計之間建立關係的人、凡是忽略股票操作對想像力強大影響的人，或是忽略漲跌技術性基礎的人，必定慘遭敗亡，因為他們的判斷是以平凡的事實與數字空間為基礎，參與的遊戲卻是在情緒的第三度空間和夢幻的第四度空間裡上演。」

技術面變差時，即使基本面很好也要減碼

在股市，要提高勝算，就要注意到別人還沒注意到的事。基本面的事不是不重要，只是我們很難比別人知道的更多。然而，只要對技術分析鑽研得比別人更透徹，我們卻可以比別人早一步下手，而且還往往會比靠基本面操作的人還具有機動性。

例如，誰知道在民國九十六年下半年和民國九十七年初已反映在台股的次貸危機，會風暴變海嘯，持續在民國九十七年重創全球股市？但即使我們完全和外面的消息隔離，只給我們線形走勢圖，我們根據技術分析的最基本原則，在指數大漲後跌破六十日線時減碼，那一次就算不能全身而退，災情也會大幅減輕。

基本分析和技術分析都很重要，但問題在於基本面和技術面的方向常不一致。一般人不但很難在該以基本分析為主或該以技術分析為主時，正確切換，反而常會選擇基本面或技術面來支持自己的感受，忽而用基本

面，忽而用技術面，卻總是用錯時機。例如，有的人在技術面變差時，因為捨不得賣，而用基本面持續看好做藉口，等到股價又大跌一段，卻因為心理上或財務上撐不下去，不管基本面有沒有改變，亂殺一通。

招數是死的，人是活的

雖然，在我看過的一些書中指出，沒有一種技術分析能持續超越「買進並持有」的策略，但我認為，在這些驗證中只是逐項地用技術分析中個別的原則來檢驗，而不是用組合式的原則來做整體評估。

太單純的法則往往存有太多限制，即使該法則曾風光一時，也會在大家一窩蜂仿效後失靈。組合幾項不同的原則，更能從不同的角度評斷後市，不但較能應付各種不同的情況，別人也很難抄襲，較禁得起時間的考驗，例如ＫＤ指標背離的原則，就隱含了組合式原則。逐項的法則就像是一顆顆不起眼的珠子，加上了巧思，卻可以串聯一條美麗的項鍊。因為組

合式原則有更多種可能的排列組合，需要更多次數的測試。

在應用組合式的原則時，因為各個原則的方向不一定一致或同步，所以我們要依賴自由心證，隨著情況的不同，來決定以哪個原則或指標為主要依據。例如籌碼面的兩個指標：個股融資餘額和總股東人數，有可能前者遽減，後者卻激增，我們通常還要參考技術面；又例如股價在低檔漲破重大反壓，如果量能不夠大，我們還是要進場，否則等萬事俱備，已喪失先機。

沒有魔法，蛻變需要時間

我剛學習技術分析時，與大多數初學者一樣，最關心的是：要多久才能學會？有一次去聽演講，聽到前排一位男士與他鄰座的、初見面的小姐保證，可以在一小時內教會她技術分析。他說，「每個技術指標都有通關密碼，在於你看不看得出來。」我當時雖然覺得「一小時學會」太誇張，

卻希望能早點抓到竅門。

我花了幾個星期就學會了常用技術指標的用法，卻發現知道 KD 指標背離、N 形反轉、黃金交叉⋯⋯，離可以把它們轉換成獲利，還早得很！技術分析難就難在該如何把這些指標、型態結合在一起做評估，這有點像我小時候閱讀文言文的文章，每個字都認得，就是不懂整句的意思。

我足足花了五年的時間，才學到如何聰明地運用技術分析。

有專家做過研究，職業運動員要成功，最起碼要花一萬個小時的訓練時間。以我個人的經歷，如果以一天工作八小時，一年二五〇個工作天，五年的時間正好折合為一萬個小時，這還不包括閒暇時思考股票的時間；而且，這一萬個小時只包括自己獨立操練的時間，聽別人指示的操作不算。

但反覆做同樣一件事，一般人做沒幾天就會厭倦，或因無法達成預期的功效而放棄，何況是持續做五年呢？有些人剛開始做股票時，每天勤看個股的日線，過了一段時間不再熱中，每周只看一次周線，後來，每月只

看一次月線，到最後索性不看線。但技術分析是讓操作者能靈活應變的依據，如果只看周線、月線而不看日線，就會失去先機；但也不能只看日線而不看周線、月線，否則對較長期間就沒有方向感。

敬業就是數十年如一日的投入

在例假日時，我通常在星期日傍晚開始準備功課，在操作順利時一點都不會累，但陷入掙扎時，我曾經質問自己「為什麼在周日還幹這些蠢事？」有時出去玩或什麼功課也不做，卻發現自己並沒有更輕鬆，乖乖回去做功課後，當我從一點一滴找回對市場的感覺、到逐漸理出一些頭緒、到對某筆操作有相當的信心，我重新燃起希望。尤其當想出新玩法，更令我雀躍，因為這不是一時、一次性的，我迫不及待想在時機來臨時測試，這不只是測試小筆交易的可行性，如何推廣到大規模交易才是問題所在。

我在股市追求財務自由，每個交易日和市場纏鬥，慢慢體會德國文學

巨擘歌德所說的，「只有每天爲生活與自由奮鬥的人，才配擁有生活與自由。」每天一收盤，我就馬上再看主要持股剛出爐的日線，看走勢是否改變，周五一收盤，還會看剛出爐的周線，有時還會看月線；我還迫不及待想知道今天是哪家券商在進出某支股票，是隔日沖的買盤嗎？先前持續買進的券商開始出貨了嗎？

我也會看個股最近十日進出排行，來看買盤或賣壓是否持續。股票出現特定券商持續大賣超，未必就不好，還要看股價的位置，即使籌碼從大股東手上散出，導致總股東人數激增，但如果股價趨勢往上，散戶螞蟻搬象也可以撼動股價。像民國一〇九年十一月二十六日，陽明收十三‧五五元，我注意到凱基證券當天出現大賣超，三天後持續的賣壓更把股價打到十二‧六六元（見 P.321 附圖），總計二十個交易日左右，凱基共出現超過十五萬張的大賣超，而同時期陽明總股東人數增加了七萬多人。

如果這賣壓來自於陽明當時剛到期的可轉換公司債的套利，而且如果

賣出後沒有回補，因為每股成本一〇‧四元，以二十日均價計算，獲利六‧八億元；但要是能放到五個多月後的一〇〇元以上再賣，至少可多賺一二七億元，民國一一〇年全台灣上市櫃公司中，也只有五十五家賺得比這個數字多。可見公司派大股東也有短視的，他們對未來的研判，其實只是對過去認知的擴散。

教科書教的和實際操作是兩回事

我發現，「看走勢圖說故事」並非像一些人所說的那麼毫無價值，如果這不是為了合理化「自己早就知道了」，在事後分析得頭頭是道，勝過不知所以然，如果可以從走勢圖中驗證操作原則，就算不能把自己從事後諸葛亮變成事前諸葛亮，至少可以靈活應變。但不是任何時間的走勢圖都要去尋求解釋，股價走勢更多時候是不可預測的，我們要關注的是，從股價的重大變動中，找出股價和指標、型態之間的規律性。

有時，我把聽來的某項操作原則套用在以往的走勢圖中，發現準確率很高時，我不禁驚呼，「早知道這個原則就好了！」然而，剛開始把這個原則或自己看線找出的規律性應用在實戰中，由於對這些原則一知半解、不知道關鍵細節，或因該原則已有太多人如法炮製而對其有效度造成不良影響，績效反而變差了。我才知道，道理人人會說，但其中的「眉眉角角」，我們惟有不斷地嘗試才會懂，甚至加以改良，成為自己的獨門指標。而即使是大家都在用的尋常技術指標，你用得愈純熟，能解釋得愈細膩，威力也愈大。

值得一提的是，在操作時如果我們只是為了符合自己的感受，就學不會技術分析。比如說，持股出在高檔後，股價跌回低檔，技術面出現買點，但因為怕獲利回吐而不敢再進場；又比如說，太強調成本觀念，有賺才賣或先賣賺最多的，賣掉後有差價就想回補；或先賣跌最少的或先買漲最少的，或賺個二成就想跑、賠個幾趴就停損。如果只會運用過度簡單的

方法，也學不會技術分析，我們要依據線形做決策。

操作是檢驗技術指標的惟一方法

至於要如何評斷自己技術分析的功力呢？我們可以在螢幕看大盤較長期間的走勢圖，用一張報紙蓋在螢幕右邊，從最遠期的線形開始看，把報紙逐漸從左而右移動，根據所看到的Ｋ線和常用的指標、型態，不斷考自己，這代表什麼技術面的意義？何處有支撐或壓力？接下來幾天行情怎麼走的可能性比較大？

雖然困難的是判讀這些靜態的走勢圖將如何展開，但如果看多了過去的線形圖，加上操作經驗豐富，一碰到似曾相識的情況，就能馬上拿來參考對照，就像帶著小抄上考場。即使劇本會有變化，如果能隨時在腦海中沙盤推演，更能快速做出正確的回應，就像查爾斯‧Ｒ‧斯溫多所說的，

「人生是百分之十發生在你身上的事，百分之九十看你的反應。」

這樣的道理，就像優秀的職業球員，總會在賽後或賽前不斷地觀看球賽錄影帶，藉由慢動作重播，了解自己上一場比賽的優缺點，或了解下一場比賽的對手。他們在腦海中模擬過千百遍，更在球場上反覆的操練，因為熟練，因此能在臨場的瞬間做出正確的反應。就像一位美式足球明星所說：「剛進入聯盟，拿到球時，對方球員撲過來，我驚慌失措；三年後，對方球員以同樣迅雷不及掩耳的速度撲過來，但在我看來，一切就像是慢動作重播。」

記得為了宣傳第一本新書，我參加了電視台某個談話性節目，主持人夾雜國台語問我：玩股票的人賺得了一時，會不會「茱蟲吃茱茱腳死」？

我回答，「有可能，尤其是純炒籌碼或炒本夢比，常常怎麼上去就怎麼下來；但投資人如果兼具基本分析和技術分析的素養，就比較守得住。」就算投資人賺到錢又賠光，在感嘆「繁華攏是夢」之餘，如果能趁機培養出靈活應變的能耐和競爭力，就能重返賺錢的軌道。

第11課 技術分析的利器——股票箱

輸家熱中於抓股價位於箱形整理中的小波動

贏家專注於抓股價脫離箱形整理後的大波段

民國七十八年退伍後，我到號子看盤，隨著小道消息和券商提供的建議殺進殺出，同樣還是多頭市場，卻比當兵時一周只能看一次盤的績效差太多。不久，我看到了《我如何在股市賺了二○○萬美元》這本影響我一生的經典之作。令人驚奇的是，這本書的作者尼古拉斯・達瓦斯不是職業

投資人，而是一位長年在全球各地巡迴公演的舞蹈家，他也曾有在券商看盤績效卻變差的經歷。

他剛開始做股票時也與一般人一樣，追逐小道消息，聽信別人（包括企業界人士）、券商和顧問公司的指導，發現這些方法都行不通。他後來甚至發現，顧問公司總是和大戶掛鉤，在內幕消息尚未發布前先鋪貨，等到鼓動散戶進場，在利多曝光後趁機倒貨。

純粹依據技術分析做股票是可行的

隨後，他改成每天花好幾個小時研究基本面。有一次，他把所有家當都拿去抵押借錢，用七成的保證金融資買進某支他認為基本面很好的股票，卻因而賠掉自備款的四分之一。在認賠後，為了挽救破產的危機，他把研究基本面的時間改為研究股價走勢，發現了一支他聽都沒聽過，但看起來好像在上漲中的股票。他孤注一擲，把剩下的錢，再度用融資買滿了

這檔正一天天穩定上漲的股票。這支股票讓他彌補了先前一半以上的虧損，也啟發他發展出股票箱理論，讓他在發展出這個理論後的十八個月內，賺進二百萬美元，顛覆了長期以來主流的聽明牌和太強調基本面的方法。

達瓦斯的心得包括：一、上市公司財務資訊揭露的是過時資料，而市場情報往往又叫人存疑，但就算不知道內幕消息或基本面資料，純粹依據技術分析來做交易，是正確而可行的。二、股票的走勢並非毫無章法，而是亂中有序，在運行過程中，形成了一定的價格區域——股票箱，股票箱的頂部是重要的壓力，股票箱的底部是重要的支撐，股價走勢是由一個一個的股票箱連結而成的。三、在漲勢中，一個新箱形的下限不一定是前一個較低箱形的上限；在跌勢中，一個新箱形的上限，不一定是前一個較高箱形的下限。而且，新箱形的上限和下限只能由股票本身來確立，不能靠預測得知。四、投資人最主要的工作是正確界定出股票箱的上限和下限，一旦確立了，那麼只要股票在框框裡面活動，就不必太緊張；但如果它不

再保持在箱子裡面，就得採取行動。

當股票箱連結成的金字塔開始塌下來時賣股票

達瓦斯從股價正在上升而且成交量放大的股票中找目標，他假設這表示一定有人比他知道更多有利的消息，但不會立刻買進。他不在股價拉回箱子的下限時買便宜貨，而是當這支股票拉回後立即上升，又一次形成向上的動力時，他才買進，尤其當股票進入另一個更高的股票箱時。他最感興趣的股票是其股票箱正在最高的一個股票箱內，他在股價創新高時立刻就買，因為漲勢終於蓄積力道而突破歷史天價，正要加速度地往上衝，很可能一進場就獲利。

他曾被「賺了就跑，你絕不會破產」這句市場老話所打動，但在實地體會之後，他發現「賺了就跑，你不只不會發財，還有可能破產」，因為做股票有時對、有時錯，還要考慮交易成本，如果在該大賺時也只是小

賺，等到被市場追著打時，很有可能倒賠。因此，他在書中多次提到「沒有理由賣掉一支正在上漲的股票」，最忌諱他的營業員用「你的某支股票目前已賺了多少」，來暗示他該獲利了結了。

而為了防止買錯以及保住大部分的利潤，他設定停損點。他在股價向上突破原來箱形的上限時買進，隨即將停損點設在原來箱形上限下一檔的位置。他並將停損點隨股價的上漲而等比例地提高，並將停損點保持在相當的距離外，以免在股價小回檔時股票被洗掉。直到新箱形的上限和下限確立後，他通常將停損點改設在新箱形下限下一檔的位置，因為這時比較能確定跌勢將持續下去。

最令人佩服的是，有好幾次他的股票被停損之後，股價旋即又盤升回到原來較高的股票箱，他還是會考慮用更高的價錢把它們買回來。他認為這雖然提高了一點成本，但比起萬一股票慘跌的損失，實在微不足道。

買得便宜不如買得巧

　　股票箱的最大作用就是提供進出時機的依據。在這本書的結尾，提到了達瓦斯賺大錢的情形傳開後，接受《時代》雜誌資深的股市專家訪問，結束前，採訪的專家請達瓦斯給他一些股市方面的建議；達瓦斯告訴他在三十九・七五美元的價位買進某支股票，同時記得把停損設在三十八・五美元。達瓦斯在書上說，他希望這位專家沒有把他的話當耳邊風而在較低的價位買進，因為這支股票從來不曾漲到三十九・七五美元，甚至還迅速跌到二十二美元。

　　依照達瓦斯的邏輯，三十九・七五美元的買點應該是比該股的天價稍高的價位。為什麼達瓦斯不建議在當時的價位買進，而要等漲到三十九・七五美元呢？因為這時才知道該股很可能會再漲一波。如果《時代》雜誌的專家誤以為愈便宜愈好，沒有等股價創新高就躁進，反而會被套住。

　　我希望能效法達瓦斯，找出看起來好像在上漲中的股票。從日線圖中

可以看出，指數或股價的走勢

不外乎上升趨勢或下降趨勢。

在上升趨勢中，走勢概略分為

橫向的交易區間和明確的漲

勢，走勢圖中，除了可以畫出

一個個盤整區所形成的股票箱

外，還夾雜著一段段明快的漲

勢（見上圖）。

在明確的漲勢中，股價頂

多整理幾天，就迫不及待地再

創新高，折返的低點通常也一

再墊高，但有時上升角度比較

陡，有時比較平。那些上升角

度比較陡、股價很快又創新高的股票，看起來更像是在上漲中，是我的首選。但挑選這些飆股比較麻煩的是，它們在低檔，可能還有明顯的股票箱上限來作為切入點，如果沒有及時介入，等它們飆漲後，經常找不到切入點。

如果沒有充分的證據，我通常會假設趨勢的方向不變。等到多頭遭遇頑抗，除了偶爾發生的倒V字形反轉，大多陷於區間整理。整理後股價可能持續原來的上漲趨勢，也可能反轉而下。通常整理期間拉得太長，套牢籌碼愈積愈多，上檔反壓愈大，反轉的嫌疑就變大。

同樣地，在下降的趨勢中，走勢概略分為明確的跌勢和橫向的交易區間。

如果股價處於上升角度愈陡的明確漲勢中，我們愈容易「買高，賣更高」；如果股價處於下降角度愈陡的明確跌勢中，我們愈容易「賣低，買更低」；而當股價處於交易區間，我們卻不能追高（或不能殺低），除非

股價向上（或向下）脫離股票箱。

支撐區（或壓力區）代表需求（或供給）的集中區域

股票箱理論涉及的第一個課題是：股票箱上限和下限的壓力／支撐，是否即將有效突破？股價走勢的高點或低點之所以會形成壓力／支撐，因為這是交易群眾曾經失之交臂或食髓知味的價位，這些價位是市場參與者情緒的烙印，當市場再次給他們機會時，大多數人自然不會放過。因此，漲勢經常在近似的價位折返，跌勢經常在近似的價位反彈。

在其他情況相同的條件下，這些壓力和支撐的強度取決於下列因素。

一、支撐區與壓力區的成交量愈大，支撐或壓力的強度愈強。例如，壓力區出現愈密集的交易（成交的天數愈多），挾帶的成交量愈大，表示匯聚的痛苦或懊悔愈強烈，壓力強度也愈強。

二、交易區間的價格波動愈寬，所構築的壓力或支撐愈大。波動幅度

愈大，當價格從底部反彈走到箱形上限的反壓時，因為漲幅已大，所以獲利了結或解套的賣壓也愈大。

三、交易區間涵蓋的期間愈長或折返的次數愈多，理論上，支撐區和套牢區的成交量愈大，支撐和壓力也愈強。比如說，碰到交易區間上限的壓力區而折返的次數愈多，前幾波的套牢量尚未消化完畢，又增加了新套牢量，反壓自然愈來愈大。而且，當多空雙方在交易區間內磨得太久，原本想要賣更高價或買更低價的人，慢慢相信這些壓力和支撐的威力，或因為等得不耐煩了，因此願意降價賣在交易區間內或加價買在交易區間內。

真突破VS假突破

支撐或壓力被突破以後，支撐和壓力的角色經常互換。壓力區被突破後，原先的苦主終於可以解套，但突破後如果股價揚長而去，在壓力區賣股的人、未能上車的空手、想要加碼的多頭以及想要回補的空頭，將在原

先的壓力區集結，守候股價的拉回，原先的壓力反而變成支撐。原來的壓力愈大，一經突破，所形成的支撐愈強。

假突破是交易者的天敵，該如何確立交易區間的突破是真突破還是假突破呢？《股價趨勢技術分析》一書中形容技術分析類似於拼圖遊戲，要先看全面的圖像，然後細部分解。我把常用的技術分析原則湊在一起考量，歸納出六個判斷個股真突破或假突破的原則。

一、華爾街名言說道：「股價上漲需要仰賴買進力道的推動，但可以因為本身的重量而下跌。」所以，任何型態的向上突破，通常要得到大成交量的確認，但向下突破時則不需要。

二、有效的突破，不管向上或向下，其技術指標會顯示相同方向的新高或是新低，如果價格和技術指標之間出現背離，則往往是假突破。例如民國九十六年十月三十日指數創新高，突破之前的九七八三點，但九日 K 值卻沒有創先前的高點九二·六一，只來到七七·九六，結果是假突破。

（見 P.237 附圖）。

三、個股中線漲勢剛形成時的創新高，追高相對安全。

四、大盤中線趨勢往上時，個股向上有效突破的機會較大。

五、愈早領先大盤向上突破同期反壓的個股，有效突破的機會較大。

六、個股突破反壓的氣勢愈強勁，向上有效突破的機會愈大。例如，一開盤就跳空突破反壓，或突破反壓時上升角度變陡或指標剛轉強。

突破後，後市值得期待嗎？

在研判個股能否有效突破的前後，我幾乎同時考慮到股票箱理論的第二個課題：有效突破後，上檔或下檔的空間大不大？向上突破後漲升空間不大的個股同假突破。我從個股突破交易區間前後的技術結構，比較出上檔空間較寬廣的個股。

基本上，同樣是剛向上突破交易區間的個股，目前價位距重量級反壓

愈遠、距反壓之間的累計套牢量愈小的個股，漲升空間較大，漲速也可能較快。線形上主要反壓包括前波高點（或低點）、中期或長期下降趨勢線、六十日或一二○日、二四○日均線等。

當股價在橫向走勢中，尤其震幅不大時，我們很難賺到大錢；只有在股價升破股票箱時，我們才能賺到超額的利潤。我發現每一次大漲，我們幾乎都可以找到股價升破箱形時的加碼點；每一次大跌，我們也都幾乎可以找到股價跌破箱形時的減碼點。但由於股價大部分的時間都在盤整，我們已經習慣了高出低進，因此雖然股票箱沒有上鎖，我們卻把自己鎖在箱子裡，在股價向上突破箱形後不敢追高（或在跌破箱形後不願殺低），而只能眼睜睜看著股價揚長而去（或節節敗退）。

股市高手和一般人只在兩個時候分出高下──漲勢時和跌勢時

李佛摩在《股票作手回憶錄》中說：「在狹幅盤整的時候，預測下一

個大波動是往上或往下毫無意義。應該做的事情是觀察市場，解讀大盤，判定狹幅盤旋價格的上下限，決定在價格突破任何方向的限制之前，不採取任何行動。」我公司董事長唯一一次過問我操作的是，「你為什麼昨天低價不買，今天漲上來才買？」我回答，「因為今天才知道股價向上突破了啊！」相對於一些適用於短線波動的指標，我更重視研判中線趨勢的指標，在股價位於箱型整理中只小玩，在突破股票箱的前後才積極進出。

交易區間內失之交臂的價位常會重新再來，而且價格起伏有限，投資人操作得失引發的情緒波動不會太激烈；然而，一旦價格突破交易區間，走勢大起或大落，投資人將陷入強烈的情緒起伏。雖然有的書上指出，股價若能向上突破箱形上限而且站穩三天，就確認是有效突破，可等拉回時買進；但我認為，這樣的作法太消極，因為強勢股經常一去不回頭，我們應該在股價一向上突破箱形上限就買進。

箱形的上限有時是極少數 K 線的長上影線，這是交易者一時的激情所

形成的極端價位。我有時在個股強勢突破密集交易區的上側時就會買進，不會等到股價突破這個極端價位才買進，尤其當股價即將以漲停板逼近或突破密集交易區的上側時，我會先買進，等到極端價位將被突破的前後再伺機加碼。

我不買便宜的股票，只買會漲的股票。我很少在指數或股價跌至箱形下限時加碼，也很少在指數或股價向上突破後拉回接近原箱形上限時加碼，這些時候我的心思專注於萬一指數或股價跌破這個下限或上限時是否要減碼。

例如大盤於民國九十六年十月三十日開高突破同年七月二十六日的高點九八○七點，來到九八五九點，在當天盤中拉回九八○七點時，我不但不會加碼，反而會在尾盤跌破九八○七點時減碼（見 P.212 和 P.237 附圖）。順便一提，十月三十日指數站不穩前波九八○七高點的原因，很可能是量能不足，當時日成交量只有前波高峰的六成左右。

小賠以求大賺

有時，即使手中持股都還呈現強勢，但只要大盤轉弱，我還是會減碼。例如民國九十九年四月三十日日K線看似要上攻箱形頂部八一九〇點，卻以長黑棒作收，這時我寧可先減碼，等指數有朝一日突破八一九〇點，進入更高的股票箱時再加碼。隨後兩個交易日，指數愈盤愈低，多頭出現了警訊（見P.190附圖）。等五月五日指數以長黑摜破股票箱底部七八四二點，同時跌破六十日線時，是更明顯的賣點。接著指數跌到五月七日的七三八七點後，只反彈到稍高於五月五日高點七七八五點的七七八七點，無力上攻七七八五點之上的跳空缺口，而在七三八七點和七七八七點之間的股票箱整理。隨後，指數下探七〇三二點，然後反彈到七三七七點，在七〇三二點和七三七七點的股票箱整理。我們可以在六月十四日指數以中紅突破最新的股票箱上限七三七七點，以及前一個股票箱下限七三八七點時進場。

加權指數 | 60日 (7685.35, -4.40) 120日 (775

成交值(億元) 收盤值：771.57 減：318.83

走勢圖中的高低點是最原始的成交價，不但顯而易見，相對於大多數指標都是加工過的次級指標，當然更單純、更好用。但今天隨著愈來愈多的人懂得應用股票箱，單靠股票箱理論是不夠的，甚至，有的主力會利用投資人喜歡搶創新高價股票的心理來拉高出貨，因此，不僅買股票的時點有時要搶先，萬一發現是假突破，還要反手殺出。當股票已漲了愈多個波段後的創新高，愈要小心，尤其當大盤不好或個股股價創新高，九日ＫＤ值卻低於前一波的高點時。

第12課 技術分析最重要的兩件事

輸家賣漲停價，因為當天已沒有更高價
贏家追漲停價，因為研判明日就有更高價

技術分析最重要的兩件事，一是趨勢、二是氣勢。如《亞當理論》這本書上所說，「**趨勢就是一再重複的事**」，股價持續站在六十日線上是一種趨勢，股價持續站在某一條上升趨勢線上是一種趨勢，股價拉回不破短底、但上漲時創短期新高是一種趨勢……。就短中線而言，通常個股的六

十日線比趨勢線更能決定趨勢；就長線而言，通常二四○日線比趨勢線好用。趨勢持續得愈久，一旦趨勢改變，往反方向走的幅度可能愈大而且會愈激烈。

趨勢比氣勢重要，但趨勢形成時，股價已漲（或跌）了一段。有時，股價的氣勢是趨勢的預告，可以提前指引我們進出場，例如，在低檔連拉兩根長紅，是漲勢的強烈預告；有時，股價的氣勢可以幫我們確認趨勢，例如，股價在低檔向上突破六十日線等重大反壓，是以跳空、漲停板或長紅強勢突破，趨勢更有可能翻多。

剛學習技術分析時，我用簡單計算法的移動平均線來研判趨勢，我看五日線、十日線、二十日線、六十日線、一二○日線、二四○日線、二年線、五年線，甚至還看十年線。由於除了這一大堆均線，我還要看ＫＤ、ＭＡＣＤ、趨勢線以及走勢圖上的高低點等指標，操作時，股價動不動就碰到支撐或反壓，或者，股價的位置就某些指標而言是支撐，但就其他指

標而言是反壓，令人很難適從。更可怕的是，如果指數大漲後反轉跌破二四○日線，我們以為二四○日線下面不遠處還有二年線或十年線的支撐，而沒有賣股票，經常還要面對另一段嚴峻的跌勢。

六十日均線的重要性超過其他均線加起來的總和

經過市場的磨練，我知道要先把自己定位清楚，才能挑適用的指標，如果要做短中線，當然就要用短中線的技術指標。而事實上，技術指標主要是用來衡量短中期的市場心理，很難預測長期，因為誰能在今天就預見市場上好久以後的期待和恐懼，所以，代表大盤或個股短中線趨勢的六十日線就遠比代表長線趨勢的二四○日線重要。二四○日線並不能反映最近趨勢的重大變動，只有在指數或股價已瀕臨二四○日線，該線才有短線的支撐或壓力，或是當二四○日線的角度剛翻轉時，才能幫助我們更確認最近的趨勢。

我發現，均線只要三、四條就夠了，以重要性而言，依序為六十日線、二四○日線、一二○日線。六十日均線代表持股者這六十個交易日來的平均成本，最能適當地反映短中期的市場心理。當股價在大漲後拉回而向下跌破六十日均線，市場心理從普遍獲利的慣性變成虧損，投資人開始不安，如果股價不能迅速站回六十日均線，一旦該均線的角度轉而呈現下彎的趨勢，中線空頭走勢更加確認。同樣地，當股價在大跌後反彈向上突破六十日均線，市場心理從普遍虧損的慣性變成獲利，投資人持股意願增強，一旦六十日均線的角度轉而上揚，宣告中線多頭走勢來臨。

慢慢地，我不再看比二四○日線的時間架構還要長的均線。我尤其覺得，十年線的威力被媒體過度誇大了。試想，這十年來，那些在早些年買進的人如果還留在市場，擺那麼久都還沒賣，即使股價由下返抵十年均線的解套點，大概也不會賣了，所以十年均線的阻力就不如媒體所說的那麼大。同樣地，十年均線的支撐也沒有那麼大。

我也幾乎不看對價格反應太過敏感的短天期均線，如五日線、十日線，也很少看二十日線，我主要用短期高低點來取代，如果股價向上突破短期高點，短線轉強；如果股價跌破短期低點，短線轉弱。只有在判斷短、中、長期均線的大黃金交叉時，我才會注意短天期均線中的十日線。

六十日線的方法也有罩門

短、中、長期均線出現黃金交叉的大多頭排列，是指日K線圖中愈短天期的均線由下翻揚至愈長天期的均線之上，各均線的角度並同步向上，而目前的股價又在各均線之上，其對應的市場意義就是「抱得愈久，賺得愈多」，這將激勵持股者繼續持有，因此，後市仍舊看好。

問題是，十日、六十日、一二〇日和二四〇日均線形成大多頭排列的機會不但不多見，而且，等形成時，漲幅已經很大，這時再買進的成本已提高了不少。所以，當指數或股價在低檔向上突破六十日線，預告中線漲

勢開始時，我們就可買進；如果這時十日、六十日、一二〇日、二四〇日均線有半數以上從原本在低檔糾結，而有往上散開的跡象，尤其當六十日線的角度已處於上升狀態，更應該勇於加碼，因為這表示整理的時間已經很足夠，均線的大黃金交叉呼之欲出，波段漲勢可期。

六十日均線僅適用於趨勢明確的行情。當市場處於橫向的交易區間時，會造成反覆而且很可能是錯誤的買進與賣出訊號。除了應用短、中、長期均線是否從原本在低檔糾結而有往上上散開的跡象（或在高檔糾結而有往下散開的跡象）來輔助判斷漲勢（或跌勢）外，我主要的解決方式是，配合六十日線和股票箱來操作。當價格向上突破六十日線，也向上突破交易區間時，更能確定漲勢形成。

六十日線的另一個局限是，它透露出來的買賣訊號落後於實際的反轉。如果我們只會等到六十日線出現訊號再進場（或出場），這時指數或股價距波段最低點（或最高點），可能已有一段差距。為了買賣得更及

時，我們可以搭配 K 線的形態和其他原則作為進出依據。

鎖定以漲停升破六十日線的個股

我喜歡買進在低檔出現第一根漲停板的股票，尤其是領先其他股票漲停的個股。但我不只是想賺它隔天的差價，如果該股趨勢即將翻多或剛翻多，我會多買一些。原則上，我寧可等股價已向上突破近期高點或六十日線後才積極介入，但如果該股挾著漲停的氣勢逼近這些重大反壓，我會迫不及待地進場，因為往往隔天一開盤股價就跳空向上突破，而且不容易買到。

總之，即將漲停的股票符合以下的條件愈多，愈該買進，尤其當大盤漲勢即將形成或剛形成時。

1. 之前大跌過，而且當日領先其他股票漲停。

2. 即將升破或剛升破六十日線。

3.即將升破或剛升破盤整區間或其他重大反壓。

4.幾天前也曾拉出一支漲停板或長紅。

5.短、中、長期均線由原先的糾結轉為向上散開。

反之，即將跌停的股票符合以下的條件愈多，愈該賣出，尤其當大盤跌勢即將形成或剛形成時。

1.之前大漲過，而且當日領先其他股票跌停。

2.即將跌破或剛跌破六十日線。

3.即將跌破或剛跌破盤整區間或其他重大支撐。

4.幾天前也曾拉出一支跌停板或長黑。

5.短、中、長期均線由原先的糾結轉為向下散開。

「落袋為安」的觀念害人不淺

我發現，之前並未大漲過的股票，如果能夠接連以長紅或漲停板急拉

三成的漲幅，有時會漲一兩倍。但以前我總是預設立場，認為賺兩成已經很多了而獲利了結，或預期該股應該要拉回整理了而先跑一趟，因而讓飆股溜走。

後來我體會到，如果賣掉的股票又創新高，我們還是可以考慮回補，尤其在近期漲幅還不大的情況下。但我們最好不要隨便賣掉正在上漲的股票，而是應該等到股價在大漲後卻躍升無力時，尤其當股價逼近之前密集套牢區的下緣並出現大量時，才考慮減碼，因為這可能是主力藉由大量的掩護來震盪出貨。

股價大漲後，我們也可以在日K線出現第一根長黑或留下長上影線時減碼，尤其是出現跌停板時；我們也可以在日K線出現幾根小黑時減碼，因為這時股價離波段高點已有一些差距，短線有做頭疑慮；我們更應該在近日內出現第二根長黑時減碼，因為這時離波段高點更遠，做頭的嫌疑更大了。

我們還可以在股價跌破短底、近期修正後的上升趨勢線或六十日線時減碼，因爲這時頭部更明顯了。麻煩的是，有的飆股一路急漲，未經過整理，沒有明顯的短底來讓我們作爲減碼點，甚至是持續跳空跌停，我們想賣也賣不掉。但通常等股價拉回到六十日線，由於跌幅已深而吸引來了買盤，如果有反彈更好，如果沒什麼反彈就再跌破六十日線，還是要賣，雖然這時離波段高點已有一段距離，但這時的賣點最明確，我們還是應該減碼。

以鼎天爲例，該股股本小、浮額少，是主力喜歡拉抬的類型。民國九十八年二月十六日它以漲停板站上季線，這是買點，但股價並未急漲，而是沿著季線緩步趨堅。同年七月十五日，它又以漲停板脫離六十日線附近的盤整，但不同以往的是，因爲往上緩步趨堅的時間夠久了，這時六十日線終於站上二四○日線，原本糾結在一起的十日、六十日、二四○日均線往上散開，即將形成多頭排列（見 P.205 附圖）。隔天七月十六日，該股

以最強勢的跳空漲停開盤，因為多頭趨勢剛形成時，連續出現兩支漲幅七%的漲停板，往往是大漲的訊號，我們可以趁漲停打開時多買一些。如果我們在七月二十日股價突破近期高價二十三‧五元時，覺得買得不夠，還可以進場，因為這時底部已經確立。

指數或個股在大漲後，最遲應在跌破六十日線時減碼

隨後，該股在急拉到七十七‧四元的過程中，從未跌破六十日線，因為近期內漲很多了，一旦跌破六十日線，持股者要特別小心。等民國九十九年一月二十六日，鼎天以長黑跌破一月八日的短底六十六元，又進而跌破六十日線所在的六十二‧八三元時，改變了原先拉回都不破六十日線的慣性，趨勢很可能扭轉了，是強烈的賣出訊號，隔天該股更跌破前一年十二月十八日的六十二元底部，走勢確定轉弱。

或許，該股從十八‧六元急拉到五十幾元時，主力不好出貨，但等股

價拉到七十七‧四元再殺回五十幾元，雖然股價同樣都在五十幾元，從七十七‧四元拉回五十幾元時的技術線形甚至更差了（因為股價跌破六十日線），卻可能吸引到不少撿便宜的買盤進場。或許是主力已趁機出貨，該股此後一段時間股價積弱不振，反彈時屢屢受阻於六十日線。直到同年九月八日該股以漲停板強勢向上突破六十日線三十九‧七八元時，才又急漲到五十五‧八元。

像鼎天一樣，個股股價升破（或跌破）六十日線，有時會陷入盤整，有時會展開波段漲勢（或跌勢）。如果我們只根據六十日線來進出，雖然股價在六十日線附近盤整時，我們會忽買忽賣，甚至造成小賠，但只要押對一次股價升破六十日線的大漲行情，或避開一次股價跌破六十日線的大跌行情，就夠本了。

當然，如果我們發現股價升破（或跌破）六十日線後，並未持續上攻（或下跌），知道股價正在盤整，也可以等股價升破盤整的上限時再加碼，

或是等股價跌破盤整的下限時再減碼，而不必以六十日線作主要的進出依據。

機遇不一定能被創造，卻可以被尋找

值得一提的是，並不是所有的股票都像鼎天一樣，會在這麼長的一段時間內，我們光是用股價站上（或跌破）六十日線，就可以判定趨勢翻多（或翻空），這有可能是主力刻意營造，也有可能是看線的人根據以往走勢而造成這個規律性一直持續。

規律性除了是股價和六十日線之間的關聯，也有可能是股價和其他指標或型態之間的關聯，如果我們平常看愈大量不同個股的走勢圖，就有更多的機會找出股價和指標、型態間具強烈規律性的個股來操作。雖然我們不知道這些規律性在什麼時候會發生，但如果我們一直在市場守候並不斷搜尋，靠多接觸來增加機會，等機會隨機出現或規律性終於失靈時，就能

及時應對。

　　股市是個「贏家幾乎全拿」的極端世界。如果套用八十／二十法則，在股市賺錢的投資人中，二〇％的人賺走了市場裡八〇％的錢；如果在這二〇％的贏家中也存在八十／二十法則，那就是四％的人賺走了市場裡六四％的錢；再輾轉細分下去，就變成千分之八的人賺走了市場裡五一‧二％的錢，也就是大約一％的人賺走了超過市場整體利潤的一半。不只是利潤的分配，股市中好用的技術指標也具有高度集中性，做股票不必學太多技術指標，每個常用技術指標也不用等量齊觀，把六十日線、二四〇日線和線形上的高低點搞懂，技術分析就學會六、七成了。

第13課 贏在修正——
那段急跌一千八百點的日子

輸家掛念過去、期盼未來，認為錯過的行情還會再來

贏家知道到手的才是真的，生怕錯過這次行情就再也遇

不到

古代詩人菲洛史查圖斯說過：「神看未來的事情，一般人看現在的事情，但是聰明人看即將發生的事情。」我認為要預測股市的長期未來很難，但我們也不能只注意到現在股價是漲還是跌，而是要預測股價的短中期走勢，這雖然不像預測長期走勢那麼難，我們仍會常常看錯，錯了就要

修正。

做股票就是一連串的預測和修正。「預測」雖然可以採取主動，但因為股市的變化太快，太相信預測反而把自己框住，來不及應變。反之，「修正」雖然常常是被迫採取行動，而且做修正時也難免要對後市做預測，但因為這時市況的發展已經比較明朗，通常有規則和前例可循，較能掌握在自己手上，也就是做修正的準確率比做預測的準確率高很多。如果說「預測」像在走鋼絲，那「修正」就成了防護網。

雖然我認為修正比預測重要，但這不意味我們不必預測，而是在做預測時有個輪廓即可，要記得「預測」有其限制，還要想像其他的可能性，替自己留下轉圜的餘地。如果我們不會預測，或不敢預測，常轉而參考別人的意見，這樣不但學不會預測，甚至連修正也不會了。「修正」能夠操之在我的前提是自己做預測，否則即使我們發現事情不對勁了，也還在等別人指示。

做短中期的預測，隨時做修正

像民國九十六年七月下旬，當大盤一鼓作氣來到九千五百點，股市專家一致看好指數將飛越萬點，但後續發展硬是跌破專家眼鏡。或許，這些專家看到情況不對後跑第一，但聽信這些專家的投資人卻可能不知所措。

當市況發展不如預期，我學習不要心存懷疑，而是要盡快處理。在那段急跌一千八百點的日子中，我曾因預測失算而懊惱，幸好靠著自己最拿手的「修正」扳回失分。

七月二十六日：指數開平走高，最高來到九八○七點，隨即往下殺。十點鐘不到，根據當時的已成交量和每分鐘的即時成交量，就可估算出當天極可能出現三千億元以上的超級大量，而且盤中日K線跌破民國九十六年六月十三日的八三三六點連接七月二日的八九三九點的近期上升趨勢線（見 P.212 附圖）。

我入行以來所學到的第一個最重要的觀念，就是當飆股或急漲的指數

加權指數 60日(8955.95, +10.45)120日(8481.42

出現第一根長黑時，應考慮減碼。然而，因為先前多頭走很久了，我早已習慣大盤和個股還會不斷地創新高，期盼日K線能拉出長下影線，而且我持股最多的兩支股票——聯陽、盛群——還逆勢大漲，讓我覺得情況還不太壞，所以減碼的速度很慢。

結果大盤愈殺愈低，我在尾盤勉強又出了一些當天的弱勢股，但最弱勢的股票已跌停賣不掉，總共還減碼不到一成。當天日K線以九五六六點作收，收二百多點的長黑，幾乎吃掉了前面三根陽線，而且跌破了近期上升趨勢線，日成交量高達三三二○億元。收盤後，我愈想愈不對，只能寄望晚上美股大漲，隔天台股開盤後，還能賣個好價錢。

巨量長黑後跳空下跌，是危險訊號

晚上九點半不到，我守在電視機前，等待美股開盤，沒想到屋漏偏逢連夜雨，美股一開盤就往下急殺，我從剛開始每隔幾分鐘看一次報價，到

後來目光甚至離不開螢幕，直到睡夢中，還與股市糾結在一起。

七月二十七日：台股以跳空下跌三二一點開出，顯然有些人不惜犧牲大約半支停板的價差，就是一定要賣出，指數一舉跌破近期九三三七點和九二六三點的兩個底部。

就我操作的習性，即使我並未看壞後市，但是當整體獲利降低時，我的持股比率跟著降低。我優先減碼的對象，除了最弱勢的股票，也包括這一波漲幅遙遙領先大盤而且前一天還逆勢大漲的ＩＣ設計股，我怕它們會補跌。

在我殺低了一些聯陽和盛群後，它們竟戲劇化地聯袂從盤中大跌往上急拉，眼看機不可失，我跟著一路往上調節，但大部分股票最高只出到平盤價下緣，等它們的股價翻紅再創新高，我反而失去戒心而沒什麼賣，當天各減碼大約三分之一的聯陽和盛群。結果它們雙雙拉到漲停板邊緣，聯陽甚至以漲停板下一檔作收（見 P.216 附圖）。

七月二十八日：周六休
市。在各大媒體對股市仍一片
看好之際，我從報上看到這一
波領導股聯陽和盛群的大股東
聯電，各申報轉讓了一九五〇
張和三五〇〇張，我驚覺這是
壓垮大盤的最後一根稻草。

七月三十日：我在開盤前
用平低價和二分之一跌停價兩
個價位，掛出了一些聯陽，還
有盛群。盛群一開盤開很低，
預先掛出的單子沒出掉，而聯
陽更慘，一開盤就量縮跌停，

想賣也賣不掉，我心裡嘀咕，「如果這是主力壓低出貨，也太狠了！」

我想起以前的經驗：個股在大漲一段後，盤中出現大跌，即使當天股價拉上去，也是危險訊號，尤其當大盤已自最高點拉回一段時。這可能是主力為了避免引起投資人恐慌，而刻意作價，一旦隔天看不到高價，更可以確認股價已經轉弱。我事後諸葛，責怪自己在前一個交易日，為什麼不趁著聯陽和盛群從大跌拉到大漲時多出一些？直到盛群接著亮出跌停的燈號，我才回神，急忙用跌停價出了一些盛群。

指數一再測試某支撐，則該支撐跌破的機率很高

八月二日：行情探底數日後，來到六十日線的位置，這也幾乎是大盤連接九十六年三月五日的七三○六點和九十六年五月三十日的八一一○點的中期修正後上升趨勢線的支撐。在漲得夠久的行情中，六十日線常和中期上升趨勢線重疊，形成雙料支撐。通常，在股價大漲後第一次拉回，往

往不會一下子跌破六十日線，因為這時六十日線的角度還很陡，具強勁支撐。

果然，該支撐不負眾望，指數在八七二七點形成短底。

在底部未經確認前，由於我的持股比率仍高，我一直警惕自己，心思不該放在搶反彈，因為在搶反彈的同時，常會忘了要逢高減碼，如果反彈的時間很短暫，更來不及翻多為空。

隨後幾天，指數反彈到九二一九點。

八月十四日：指數第三度拉回測試六十日線，雖然勉強守住，但根據經驗，股價一再測試某支撐，則該支撐跌破的機率很高，六十日線已經岌岌可危。在這一波開始大跌的第三個交易日，我到某電台接受訪問，當時我還認為六十日線應該守得住，主持人說他已出清持股。他反問我，「萬一六十日線跌破了怎麼辦？」我愣了一下，隨即根據「不該自我設限」的原則回答，「只好進一步減碼。」

八月十五日：美股大跌，台股一開盤就跳空跌破六十日線，隨後指數更進一步跌破這一波八七二七點的底部。收盤後，打電話來討論行情的朋友變多了，有人說他今年賺的錢全都吐回去了，有人說次級房貸風暴對歐美消費市場的殺傷力恐怕比想像中來得嚴重；一位朋友苦中作樂，打趣說：「之前市場都在談『破萬點』，沒想到不是台股漲破萬點，而是道瓊可能跌破萬點。」還有更多人問我該怎麼辦。顯然地，大盤跌破六十日線，大家開始不安。

漲時漲過頭，跌時跌過頭

八月十六日：台股又大跌，指數跌到八千二百點，但我注意到，鴻海跌停。台股有個歷史經驗法則：鴻海盤中出現跌停板，在先前已大跌一段的情況下，差一檔跌停。台股底部不遠。像民國九十六年三月五日，鴻海盤中出現跌停板，同一天指數的低點七三○六點，正巧是近期底部。這可能意味當有些人因為

了變現，連鴻海這樣的績優股都不計價殺出，大盤賣壓已宣洩得差不多。

雖然出現這樣的訊號不一定是大盤買點，但總是買進的線索之一。

當天晚上，我應邀發表演講，會場裡座無虛席，主持人打趣地說：「大家是來相互取暖的嗎？」一位聽眾問我：「台股會不會跌到三四千點？

還要不要賣股票？」我嚇了一跳，心想，「怎麼才短短幾天，市場心理就從『要不要追高』急轉直下，變成『要不要殺低』。」我又想到，或許這位投資人知道先前的漲勢是從三四一一點起漲的，而有些人一驚慌，就以為指數會直接跌到距目前價位還很遠的起漲點。

我向她解釋，先前的漲勢從三四一一點起漲後，當中有經過整理，就算會跌到三四千點，這也是下幾個階段後的事。我還告訴她，如果你太驚慌，很可能殺在波段低點。

至於要不要進一步降低持股比率，這要看指數的下檔空間有多大。我有預感，指數當時一定很接近近期底部，但我不是單憑「鴻海差一檔跌

停」，我主要的依據如下。即使指數已跌破本波段自六二三三點以來的上

升趨勢線（連接民國九十五年八月二十八日的六四二二點和九十六年三月五日的七三〇六點），但緊接著下檔有二四〇日線的支撐。鑑於在民國八十九年的七千點大跌中，當指數自一〇三九三點下跌，二四〇日線曾數度發揮支撐，直到指數終於跌破二四〇日線而且二四〇日線的角度由上升轉為下降，指數才加速大跌（見 P.232 附圖），而在民國九十六年八月十六日，二四〇日線的角度還在往上走，應該不會直接跌破。所以，我堅信即使理性分析一再失靈，跌勢一下子煞不住車，大盤跌破二四〇日線的七八五六點，指數也會很快彈回八千點。

而且，這一波多頭漲勢，如果從三四一一點起算，漲了五年多，一路漲了五三九六點，突然尖頭反轉，很多大戶來不及撤退，在人氣未散的情況下，根據民國八十九年的經驗，應該還會拉出一波逃命行情。

空手也是一種風險

此外，雖然當時指數離二四〇日線的可能支撐還有三百多點，但對操作金額很大的人來說，不可能在此時先出清股票，等指數確定站穩二四〇日線後再補回來。而且，雖然目前大盤底部尚未浮現，但有的相對強勢股已不再隨大盤破底了，這時不宜再降低持股比率，頂多是換股操作。

就心理層面而言，一般人對股票的心態大多是「愛之欲其生，恨之欲其死」，滿手股票時，恨不得股市漲翻天；股票賣光了，恨不得股市會崩盤。如果我根據技術面，認為跌勢已近尾聲，卻在最後關頭因為心理面熬不住，把股票賣光了，那麼在接下來的大盤反彈時，我的心態一定調整不過來，而被行情拋在後面，這是比賠錢更可怕的煎熬。因此，在這個時間點，我寧可相信凱因斯所說的「**激烈出清是不對的**」，我甚至認為加碼的時機快到了。

八月十七日：前一晚美股雖然收小黑，卻留下三百多點的下影線。台

股走勢和美股如出一轍，當天盤中指數最低殺到七九八七點，日K線雖然收黑，卻留下大約一百點的下影線。當天晚上，美股因聯準會調降重貼現率兩碼而強勁反彈，朋友們奔走相告，市場氣氛在一夜之間大逆轉，我終於可以喘一口氣！

事過境遷，一位朋友提起，在九八○七點做頭的那一天中午，他剛好回府出股票。我對他們的敏銳度驚訝不已。

比起有的人說他剛好在九八○七的最高點時大賣持股，這些在看到疑似頭部出現後才機警地大幅減碼的人，雖賣得沒那麼漂亮，卻更令人佩服。因為，能夠出在最高點的人，機運大於實力；但能不預設立場，等市場告訴他們情況不對時，才果斷出場的人，不只有實力，更能守紀律。

有個飯局，傳來成交量暴增指數卻大跌，一夥人草草結束飯局，各自打道

從大波動中培養出應變的能力

一位市場老手告訴我：「從做頭的那一天算起，能在三天內至少出清一半持股的，才算高手。」這樣的說法有點像是救援時有所謂的黃金七十二小時。要做到這樣，境界實在太高，而且難免會賣太早，通常在第一根長黑出現就要堅決減碼，否則越跌越賣不下去。

隨著次貸風暴暫時緩和，台股重返九千八百點，對於一位根據轉折點操作的投機客，如果他在高檔並未大幅減碼而持股又漲回來了，由於在轉折過程中潛藏了很大的套利空間，所以他還是犯了「隱藏性的失誤」；至於那些在高檔減碼不多，而持股（如聯陽）在大跌後也未隨著大盤大幅反彈的人，更是犯了明顯的錯誤。

對有本事的人來說，市場的瘋狂和混亂不但不是災難，反而是財富重分配的良機。債券天王葛洛斯就說過，「只要想到現在全球經濟如此震盪，我就興奮不已。」回顧這一波，在市場一致看好的情況下，籌碼快速

分散而大跌，看似就要崩潰，又在市場一致看壞下，籌碼迅速獲得歸宿而重新展開攻勢。這次大盤忽下忽上的經典課程，讓我學到兩點。

一、漲勢接近尾聲的一個重要特徵，就是漲勢急遽加速，但是激情不會持久。當大盤日K線在盤中挾著大量出現長黑，就該先行減碼，不必等到尾盤確定日K線收長黑時才減碼，因為這時我們很可能看到股價跌更深了而更捨不得出，甚至有的弱勢股已跌停出不掉。

二、在指數大漲過後，跌破六十日線時要保守。如果指數又跌了一段，跌到二四〇日線上緣，因為跌幅已深，不要再殺股票，甚至可以在指數逼近二四〇日線而且拉出長下影線（或長紅）時搶反彈，例如在民國九十六年八月十七日。但不管搶不搶得成，最晚等指數破新低時要再減碼。

第三篇

結合技術分析和資金管理

第14課 賭機率，不賭博

贏家掌握賭的規律，敢走出舒適區

輸家搏個希望，常闖入地雷區

做股票可以是賭博，也可以是有所本的投機，這要看我們用怎樣的心態和方法。如果我們只是一廂情願地期望股價怎麼走，那就像期望壓對寶的賭客在賭場聲嘶力竭地吶喊，純粹碰運氣，這是盲目的賭博，十賭九輸。反之，如果我們找得出股價漲跌的規律，並在愈有把握時買愈多或賣愈多，那就像懂得竅門的職業賭客在賭場玩一些需要技巧的遊戲（如二十一點），不但有方法來拉高贏面，還會從一次次的下注中不斷修正技巧，

這就是在賭機率，玩久必贏。

很多人把自己股票做不好的原因歸咎於資金不足，因為如果資金夠，就可以在股票大跌後進場翻本。但我在資金從很少滾到比較多之後卻發現，小部位才更好操作，如果搞不清楚股票賭博和股票投機的差別，而且賭錯邊，就算資金再多，很可能在跌勢初期就買到沒錢再買了。

其實，我直到學會了技術分析，擁有了競爭優勢，才從賭客提升到投機客的層次。我發現，愈是在關鍵時刻，過去所發生過的線形，重複發生的機率更是高得驚人；我想，這可能是因為愈在關鍵時刻，相信歷史會重演的技術派人士愈是關注技術面的演變，甚至，他們一致行動而主導了盤勢，造成歷史重演。

技術線形中沒有新鮮事

例如，民國八十九年指數自一〇三九三點下跌，但直到跌破二四〇日

線而且二四〇日線開始下彎後，指數才加速大跌，最後跌到三四一一點（見 P.232 附圖）。如果我們知道這個經驗法則，在民國九十七年指數自九三〇九點下跌，於六月九日跌破二四〇日線而且二四〇日線開始下彎時殺出持股，當時還能賣在八五八七點左右，距波段高點九三〇九點，只有七・七六％的差距，賣的時候比較不會捨不得，結果歷史重演，指數最終跌到三九五五點（見 P.236 附圖）。

雖然這兩次跌幅超過五千點的大跌，都在指數跌破二四〇日線而且二四〇日線開始下彎後加速大跌，但出現這樣的訊號，指數未必大跌，有時甚至還會拉出一波反彈行情，關鍵在於二四〇日線翻空時的前一波漲幅有多大，以及前一波套牢的籌碼有多少。先前指數的漲幅愈大、累積的成交量愈多，下檔的跌幅可能愈深。順便一提的是，指數盤頭的時間愈久，通常表示套牢的籌碼愈多。

六十日均線是多空分水嶺

如果我們只按照二四○日線的相關原則來操作，在民國九十七年六月九日二四○日線開始下彎之前，早在同年一月二十二日，二四○日線就出現同樣的賣出訊號，而且因為先前的漲幅已經很大而且也已經漲很久了，我們會在當日的七五八一點左右大賣股票。要是我們後來沒有回補，就錯過隨後指數上漲到九三○九點的行情，除非是放空，否則也不會等到同年六月九日當二四○日線翻空時，才在八五八七點大賣股票。雖然從指數後來跌到三九五五點來看，賣在七五八一點也算賣得很好，但如果我們根據六十日線，可以做得更精確。

而且，其實像民國九十七年六月九日等到二四○日線翻空，還能賣在高檔的情況算是特例。在民國八十九年七月，等指數跌破二四○日線而且二四○日線的角度於二十四日首次出現負值時，指數離波段最高點已大約拉回三二％，但那一波如果在指數跌破六十日線而且六十日線下彎時於四

.48)240日(8592.71, -0.53)開:7517.07 高:7713.03 低:7505.10

6.72, +5.04)120日(1087.26, -10.11)   89/09/02

月十九日減碼，離波段最高價只拉回大約十三%。

均線中對我幫助最大的是六十日線。六十日線的時間架構比二四〇日線短很多，通常會早早領先二四〇日線出現買點或賣點。甚至，為了搶先一步，我常在指數跌破六十日線就先行減碼，等到指數站不回六十日線而且六十日線下彎再加碼賣出。

此外，指數碰到六十日線的次數比碰到二四〇日線的次數頻繁多了，即使我們在指數跌破六十日線後賣股票，結果發現賣錯了，還可以較及時地在指數重新站上六十日線時買回來。

招式要配套運用

但問題是在大盤盤整期間，指數相當容易站上或跌破六十日線，甚至沿著六十日線上上下下，造成我們一下子買進、一下子賣出，而且經常買高賣低；即使在跌勢市場，如果我們只會運用六十日線來買賣股票，如果

指數下檔有限，而我們在指數跌破六十日線時賣掉股票，等指數重新站上六十日線時再進場買進，這時指數的位置可能更高了。

技術分析的應用是環環相扣的，該不該在指數跌破六十日線時減碼以及要減碼多少的關鍵，和指數在跌破二四〇日線時的考量一樣，在於預測下檔跌幅會不會很深。要預測下檔跌幅會不會很深，則要依據先前一波的漲幅有多大，以及漲了多久。前一波漲了三千點後跌破六十日線，比前一波漲了一千點後跌破六十日線，我們要更小心。

翻開走勢圖，我們可以發現，民國八十九年的大跌和民國九十七年的大跌還有一個相似之處，就是在大跌前，都至少出現一次逃命行情。在民國八十九年的大跌前，指數自一〇三九三點拉回跌破六十日線，跌到八二五九點，在跌了二一三四點後，拉出一波二〇五六點的反彈，重新站上六十日線，來到一〇三一五點，等再次跌破六十日線，空頭行情才正式展開。可見，在一個走了好幾年的大多頭行情即將結束前，因為人氣還在，

通常還會拉出一波逃命行情。

大多頭行情結束前，通常還有反彈波

而在民國九十七年的大跌前，指數在民國九十六年七月自九八○七點拉回跌破六十日線後，來到七九八七點，在拉回一八二○點後，和民國八十九年一樣，做了一次一八七二點的反彈逃命行情，指數重返六十日線，來到九八五九點（見 P.212 附圖）。不同的是，隨後指數拉回跌破六十日線，但大盤並不像民國八十九年直接展開空頭行情，而是跌到七三八四點後，在總統選舉行情的推波助瀾下，又拉了一九二五點，重返六十日線，來到九三○九點，比預期中的一次反彈行情，還多拉了一次（見 P.236 附圖）。

這意味著，通常指數大漲後拉回，並不會直接探底，而是至少再攻一波，讓投資人喪失戒心，以為股市不會走空頭，然後才會大跌。漲勢延續得愈久，一旦指數真正跌破六十日線，代表近期內套在高檔的籌碼更多

了，大跌的機率更高。同理，通常指數在大跌後反彈，並不會直接上攻，而是至少再殺一波，把投資人磨得受不了，以為股市沒希望了，然後才會大漲。

或許我們在民國九十七年五月二十日之前的半年內，當時大盤方向尚未明朗，如果我們只根據六十日線或二四○日線來操作，可能有時對、有時錯，但在接下來的一個月內，如果只根據六十日線或二四○日線來操作，只要做對一次就夠了。

民國九十七年五月二十六日，我們可以在指數跌破六十日線所在的八七四○點時減碼，或緊接著在六月九日指數跌破二四○日線而且二四○日線開始下彎時，賣在八五八七點左右，最遲我們也可以在六月十三日六十日線下彎時，賣在八一○五點。怕的是，我們可能在五月二十日之前的半年內，因為根據六十日線或二四○日線來操作，時靈時不靈，在五二○後就不再根據六十日線或二四○日線的訊號來操作。

熟悉的事不必想太久

輸贏的結果不僅取決於每次出手的勝率和每次可能輸贏的金額，還取決於出手的總數。在股市，假設每次出手的勝算從五〇％多個五％，提高到五五％，當我們累積出手的次數只有九次，贏的次數比輸的次數多的機率只提高到六二％，再假設每次輸贏的金額都一樣，把交易成本算進去，勝負還不是很明顯，這時賭博的成分還是很大，「多個五％」，好像沒什麼差。

但是當我們累積出手的次數達到九百九十九次，贏的次數比輸的次數多的機率就提高到了九九％，假設每次下注的金額都一樣，就算把交易成本算進去，贏面還是很明顯，而且交易的次數愈多，賺的錢愈多，這時，做股票就成了一種行業。

問題是，每次出手的勝算我們很難精確計算，頂多只能籠統地抓個大概。股票的事沒有絕對，多少要冒點風險，股票要做得好，我們的賭性不

能太強，但也不能太少，重點是賭性要用在勝算高的地方。我們要用頭腦想，但也不能想太多；我們不要等很有把握時才出手，只要覺得合理就可以出手，這樣才會多出手，也會提高命中率。就像我們常看到NBA球員最後一秒鐘在三分線外得到投籃空檔，果決地出手，往往就中了；但只要稍加猶豫，反倒不會中。

一般人做股票時經常顯得猶豫的原因是讓招式和招式之間互相牽制，例如，想要兼顧基本面和技術面，但兩者卻互相牴觸；或在指數、股價跌破短中線後，卻寄望更長線的支撐。股價跌破六十日線，寄望一二○日線或二四○日線的支撐，跌破一二○日線和二四○日線後，又寄望二年線的支撐……，結果都不用賣了。

操作原則不是公式，只是概念

投資人也老是在追求一個確定的數值來套公式，以至於不能靈活操

作。比如說，他們總愛問，「長紅」是漲多少？「中線」是做多久？但長紅和中線都是相對的概念，很難硬性規定範圍。很多人在不能套公式得到肯定的答案後，常轉而尋求專家的簡單答案，因而學不會操作。

又例如，我每次和朋友提到，「大多頭行情結束前，通常至少還會拉出一波反彈波」，大多數人都會問，「要漲了多少點、走了多長期間的多頭行情，才會出現逃命行情？」但我只能提供一個概念，「漲得愈多、漲得愈久的多頭行情，在結束前出現逃命行情的機率愈大。」事實上，在民國一〇一年之前，最近三次超過五千點漲幅的大多頭行情，包括民國一〇〇年二月漲抵九二二〇點這一次，在大跌前都出現逃命行情。

弔詭的是，這個原則又牽涉到另一個原則：漲得愈多、漲得愈久的多頭行情在結束後，大跌的機率愈大。就是因為不確定會不會有反彈逃命行情，我們在指數大漲過後首度跌破六十日線時，如果想等反彈逃命行情來了再出股票，萬一反彈逃命行情不來，很可能全軍覆沒。像民國七十一年

指數自四二一點起漲，漲到民國七十八年的一二六八二點，漲了一萬二千多點，隨後卻在跌破六十日線後，一波跌到底，跌了近萬點（見P.352附圖）。

正如李佛摩所說的「回檔之後賣出，不是反彈時賣出」。我們合理的作法是在大漲後，最遲在指數跌破六十日線時要大幅減碼；在減碼後，如果反彈可能變回升，還可以在指數重新站上六十日線時考慮進場；萬一遲遲不反彈，等六十日線的角度接著轉而下彎，要進一步減碼。

有了技能，還要守紀律

隨著自己出手的次數密集增加，愈做愈熟練，我們的勝算不會一直停留在五成多一點點，甚至可以提高到七、八成以上，在出手次數和命中率雙重提升下，我們的優勢只會愈來愈明顯。

而且，不但每次下注的勝算不會一樣，每次下注的金額也可以不一

樣。當我們找到贏錢的方法後，我們不一定每次都能押對邊，但在很有把握的那一次，一定要有大動作。

有了一套判斷市場走勢的準則，也有了好的資金管理辦法，我們還要遵守操作紀律。有時，我們覺得走勢不太對，卻告訴自己「這次真的不一樣」，但違背了原則一次，有一就有二。人在輸錢時，由於不服輸的心理，比在贏錢時更難離場，而且常會急著進場攤平，所以總是加碼得太早。

除了用技術訊號，有的人還很擅長用時間點來作為進出場的依據。像我認識一位在股市白手起家的大戶，當市場預期的大利多才剛開始發酵，他會積極進場部署，等利多一出來，即使是大賠，他就是要賣。他在民國九十七年馬英九先生當選總統後的第一個交易日，開盤就大賣股票，避開了隨後的金融風暴。

他還善於見風轉舵。民國一○一年三月二十八日，財政部準備復徵證所稅的消息傳出後，他拚命賣股票，他認為別的大戶也會與他一樣，用

「賣股票」來對這項政策投下反對票。在他出場後，指數又急跌一千點，跌到六八五七點。

淺嘗即止或駕馭股市

遵守操作紀律還隱含著我們需要保持冷靜。如果我們的心情跟著市場波動，尤其當我們在尖叫著或在鼓掌，就不能鎖定分析盤勢。最極端的是，尾盤股價一陣急殺，我呆掉了，想要賣的部位沒賣到，原本掛在低檔等候的買單又忘了取消而接到；通常在這種情況下，隔天股價大多是下跌。

凱因斯說過，「對於完全沒有賭博天性的人來說，專業投資是無聊之至、負擔過於沉重的遊戲；然而有賭博天性的人必須為這種性格付出應有的代價。」投資人要有賭性才敢在有把握時下大注，就像一位網友說的，「睡公園面豪宅還是睡豪宅面公園，就看這次了！」但賭性愈強的人在燙到手時更不願停損，甚至還想玩一票更大的，而造成災難。股市裡大部分

人都在賭博，有賭性的人更能了解賭徒的思惟，要做到「眾人皆醉我獨醒」，我們要修煉出某種能提高勝算的方法來超越賭運氣的層次，能對抗自己的本性，甚至訓練到反人性，才不會在該貪婪時卻恐懼、該恐懼時卻貪婪。

每次有親友想開始玩股票，問我的意見，我總是告訴他們，如果不想花太多心思，能不玩就不玩，因為「賺錢有數」，卻每天都要牽腸掛肚，一定要玩的話，玩愈小愈好，小賭怡情，就把可能會賠掉的錢當作娛樂的開銷；但如果有熱忱和企圖心，就要訓練自己能應付股市隨時會發生的劇烈動盪，所謂「若還不是弄潮人，切須莫入洪波裡」。

第15課
在漲勢形成時追漲
在跌勢形成時殺跌

輸家買股票用購買打折商品的心態，買黑不買紅；贏家等股票漲勢形成、變成增值品時大舉進場，買貴但買對。

剛出道時，我常因為股價漲上來了而買不下手或往上賣，卻在看回不回後追到相對高檔；常因為股價跌下來了而賣不下手或往下買，卻在看底不是底後殺在相對低檔。後來，我領悟到，要在漲勢形成時買進，雖然這時價格已經上漲，但還會再漲；要在跌勢形成時賣出，雖然這時價格已經

下跌，但還會再跌。因為漲勢（或跌勢）不是一看就明白，所以我隨著局勢的明朗而分批往上承接（或分批向下賣出），而不是孤注一擲，這樣心理上較能承受。

正準備進軍股市時，我把做股票想得太簡單，我的如意算盤是萬一持股下跌了，就採取「逢輸加倍法」。比如說，我先用十萬元買進每股十元的某支股票十張，如果股價上漲一元，我把利潤落袋，把操作金額恢復為十萬元左右；如果股價下跌，每跌一元，我買進的總張數加倍，例如，股價從十元跌到九元，我再加碼買進十張，如果股價持續跌到八元，我再買進二十張，如果股價持續跌到七元，我再買進四十張，依此類推。

在逢輸加倍後，只要賭對一次股價距最近的買進價反彈一元的行情，不管前面輸了多少，我都可以完全彌補，而且，不考慮交易成本，還可以倒賺到最初賭注的一成，也就是一萬元；在此同時，我獲利了結。

順便一提的是，在這個方法中，也可以把加碼（或減碼）的級距調整

為股價每跌（或漲）〇·五元或其他數值。

做股票沒那麼簡單

雖然說「錯到底就對了」，但在實際操作上，我卻堅持不下去。最主要的原因是股價跌得愈深，理論上愈可能反彈，但同時距離我沒錢可用的絕境也更近一步。假如，我最初用每股十元買了十萬元的股票，股價每下跌一元，我買進的總張數加倍，如果以台股經常一跌就跌掉五成，而且下跌過程中不曾反彈一元來計算，跌到五元時，我的帳面上就產生了三十一萬元的虧損，而且，我必須備有一九一萬元才能翻本。

事實上，如果我有一九一萬元可以動用，一開始我不會只買十萬元。就算我還有錢來加倍攤平，而股價終於反彈了一元，我也只賺到最初賭注的一成，也就是一萬元，卻要承擔萬一資金無以為繼時的極端風險，實在太不划算。

不只是錢的問題，精神上的煎熬，也令人受不了。隨著跌勢的擴大，我愈會擔心，這些公司是不是出了什麼問題、會不會倒閉？所以很難撐到最後。

後來，我驚訝地發現，賭博的下注法不是只有「逢輸加倍法」，還有「逢贏加倍法」。比如說，我先用十萬元買進每股十元的某支股票十張，如果股價下跌一元，我執行停損，把操作金額補為十萬元；如果股價上漲，每漲一元，我買進的總張數加倍。例如，股價從十元漲到十一元，我再加碼買進十張，如果股價持續漲到十二元，我再買進二十張，如果股價持續漲到十三元，我再買進四十張，依此類推。

連贏要衝，但要衝得及時

在逢贏加倍了愈多次以後，一旦股價距最近的買進價下跌一元，感覺上倒賠的錢會直線上升，不過實際情況是，不考慮交易成本，不管加碼再

多次，倒賠的錢都只有最初賭注的一成，也就是一萬元；在此同時，我執行停損。

我早就知道，停利不停損的逢輸加倍法，雖然迎合我們「急著翻本」的人性，卻會讓我們賺小錢賠大錢。但我萬萬沒想到，停損不停利的逢贏加倍法，雖然違背我們「落袋為安」的人性，但加以修正，卻會讓我們賠小錢賺大錢。

要如何修正呢？首先，我們不能像逢贏加倍法所說的，機械化地以股價距最近的買進價上漲（或下跌）多少元或多少比率來加碼（或設停損）。主要的原因是，股價走勢不是連續的，如果股價跳空站上加碼點或跳空跌破停損點，會讓我們無法成交。

而且，如果股價在這個機械化的加碼點稍高位置有強勁反壓，比如說股票箱的上限，我們應該是等突破反壓再加碼才合理；如果股價在這個機械化的停損點稍低位置有強勁支撐，比如說股票箱的下限，我們應該是等

跌破支撐再停損才合理。總之，我們最好是依據線形來加碼或減碼，太機械化的方法會妨礙我們進步，讓我們失去在關鍵時刻制勝所最需要的機動性。

光靠下注的方法，並不能改變輸贏的期望值

其次，我們不是無限制地隨著整體獲利增加而加碼，這樣必輸無疑，而是要在漲勢適度展開後就停止加碼。這涉及到一個重要課題，那就是我們必須看得出趨勢，才能談如何下注。如果股價的變動是隨機的，或股價的變動不是隨機的但我們看不清方向，而我們每次出手，輸或贏的機率各是一半，加上交易成本，從長遠看，不管採用什麼資金管理的方法，都不能扭轉頹勢。就像賭客在賭場玩莊家占有機率上優勢的遊戲，不管怎麼改變下注法，只要賭得夠久，最終都是輸家。

還好，股價的變動不總是隨機的，有時是有慣性的，直到另一股強大

的力量改變這個慣性。就像《股價趨勢技術分析》這本書上所說，主要趨勢包括漲勢、跌勢或橫向盤整，通常都傾向於繼續發展。因此，等大盤漲勢形成後，我們往往來得及往上加碼；等大盤跌勢形成後，我們往往來得及往下減碼。

但股價有時可以被預測，有時卻不能。原則上，愈長期的走勢愈難預測，但過於短線的走勢也很難預測。例如，個股明天的走勢就很難猜，除非它今天的氣勢強勁到以漲停鎖死而且漲停後量縮，我們才能預知它明天很可能續漲。

然而，如果個股的短中線趨勢翻多，我們雖不知道它明天會漲還是會跌，卻知道它「近期」股價上漲的機率比較高，因為買方的力道比賣方強。這有一點像ＮＢＡ湖人和塞爾蒂克的七戰四勝總決賽，如果我們認為湖人隊的實力比較強，我們雖難以預測湖人隊將贏得哪幾場比賽或會幾勝幾負，但我們可以合理地預期，湖人隊將贏得較多場的比賽。麻煩的是，

在股市，漲勢延續的「近期」是多久時間，沒有標準答案，我們只能隨時評估漲勢是否有變化。

分批買或賣，要順應趨勢

一般人喜歡逢低加碼，買黑不買紅。但如果我們從易跌難漲的股價當中，或從漲時不能創短期新高、跌時卻屢破短期新低的股價當中，看出股票正處於跌勢，我們不但不能逢低加碼，反而應該逢低減碼。即使看不清方向，只要持續賠錢，我會減碼經營，寧可反彈上來時少賺，也不要續跌時多賠。

當然，如果我們看得出底部快到了，反而該逢低大買，但底部經常深不可測。如果買進的價位相同，而且我只能在底部形成前買太早或在底部形成後買太晚之間二選一，我寧可買太晚。這不是為了節省利息支出，而是因為太早進場後，一旦買進的部位大跌，我的心思會因此而轉變為想要

解套；而太晚進場表示底部已得到確認，接下來的股價還會漲，我在賺錢時比較抱得住股票。問題在於有時我在股價築成小底時就急著進場，並在破底後捨不得認賠而套牢。

例如民國九十七年十月三日，我在台泥大跌後拉出長紅，線形出現小W底時，在二十元附近買了二百張，沒想到它隨即破底，我捨不得減碼，眼看著它急跌到十四‧一五元。經過這番波折，我的信心動搖，心思已轉為如何解套或少賠。等它反彈到先前小W底底部十八‧六六元的下緣，我全部認賠出清，錯過了該股隨後的大漲。

我想，即使要進去摸底，也只能小買，尤其在股價出現小W底時，因為先前打兩隻腳後反彈的幅度有限，代表多頭反撲的力道不強；而且就算我等到台泥股價以長紅站上六十日線，反彈可能變回升後，在更高價位的二十二元附近才去「追高」，我更能賺到錢。

有賺到錢的股票才能再大幅加碼

同樣地，如果我們從易漲難跌的股價當中，或從跌時不破短期新低、漲時屢創短期新高的股價當中，看出股票正在上漲，在股價突破關鍵點後，我們可以分批往上加碼。至於要往上愈加愈少或愈加愈多，要看你對線形篤定的程度，重點是要加碼在離關鍵點的漲幅尚不太大的範圍內。在我資金尚不充裕的時期，正確的說法是，在行情適度展開後，我就買到沒錢了。

李佛摩特別強調，在最近一批投入的資金還沒獲利之前，一定不能增加持股。因為這可能是他看錯行情了，也有可能是他看對行情，但加碼得太早，因為不知道是哪一種情況，所以寧可等先前投入的資金獲利，確定自己看對行情而且時機正確時，才考慮繼續往上加碼。

根據這個原則，我們可以從持股的表現，加碼表現較好的，尤其當它們表現強於同類股時，而表現較差的股票不是因線形轉弱而被賣掉，就是

因資金需求而被汰換。當然，如果我們把選股範圍擴大，隨時觀察自己沒有的股票的表現，持股組合更會是一時之選。但如果正準備汰換的持股突然轉強，比如說，即將突破盤整，我們就不必賣了，甚至還要加碼。

我隨時都準備汰弱換強，尤其在大盤升破關鍵的加碼點，或在個股升破關鍵的加碼點時。值得注意的是，「有賺才能加碼」只是原則，我們要知道變通。比如說，即使持股還沒賺錢，但如果強勢突破重大反壓，我們就可以加碼，因為等到賺錢就來不及了。

能再創新高，才有波段行情

一般人的通病是：在跌勢剛確立時沒有賣，等股價又大跌一段後才去殺低；在漲勢剛確立時沒有買，等股價又大漲一段後才去追高。

例如，在跌勢中，當六十日線由上而下跌破一二〇日線形成死亡交叉的前後幾天，如果我們預估到或看到跌勢更確立才出場，短線很可能殺

低，因為近期的跌幅已深，六十日線的負乖離相當大，根據經驗法則，指數這時常會反彈。同樣地，在漲勢中，當六十日線即將由下而上穿越一二○日線形成黃金交叉的前後幾天，如果我們預估到或看到漲勢更確立才進場，短線很可能被套牢，因為根據經驗法則，指數這時常會拉回，以消化之前波段漲幅的獲利了結賣壓；拉回後，漲勢會不會再持續，要看指數能不能再創近期新高。

例如，民國一○○年年底指數自六六○九點展開反彈，在隔年三月二日六十日線由下往上穿越一二○日線當天，指數正巧創波段新高八一七○點，隔天指數開始拉回，跌到三月七日的七八二四點。後來，指數反彈，又於三月十四日受阻於八一七○點的反壓而拉回，在四月三日跌破七八二四點的頸線後，形成 M 頭，接著於四月五日跌破六十日線，漲勢告一段落（見 P.260 附圖）。

因為市場的列車經常一下子煞不住，常會超漲或超跌，所以我不會擋

在列車前面，我不會因為大盤跌幅已深就大幅加碼，也不會因為大盤漲幅已大就大幅減碼，我等市場的列車折返後，才能確定這列車已經轉向。雖然我有時也會懊惱：為什麼不在最低價附近多買一些、不在最高價附近多賣一些？但事實上，「買在最低點／賣在最高點」是不太可能的；而且，俗話說「八成是神仙」，能吃到整段利潤的八成非常神奇，即使我們在去頭去尾之後，還能抓到指數波段漲幅的六、七成，就已經很厲害了。

第16課 頭部或底部總是事後才知道

輸家錯失最佳機會後，無心去抓次佳機會

贏家認爲大致的正確勝過追求不到的完美

一般投資人最喜歡問：「會跌（漲）到哪裡？」或「還會跌（漲）多久？」於是就有專家出來替大家排疑解惑。或許，專家愈敢講愈能博版面，而投資人又尋求簡單的答案和保證來紓解焦慮，但最低點和最高點總是靜悄悄地來，等我們確認時，它們已經離很遠了。我覺得，如果我們把

精力放在不可捉摸的事情上，不但不能專注於自己可掌握的事，還會因錯過最低價或最高價而亂了方寸。

也有很多人愛把著名的交易格言掛在嘴邊，像什麼「行情總在絕望中誕生，在半信半疑中成長，在憧憬中成熟，在充滿希望中毀滅。」但如果我們無法衡量「絕望」、「半信半疑」、「憧憬」、「充滿希望」，這就跟「低買高賣」一樣，只是陳腔濫調。我們需要知道的只是評估大勢，知道大盤會不會再跌（或再漲），而不必費盡心思去預測轉折點；重要的是，等市場反轉並自行決定出底部（或頭部）後，我們要有方法來盡快看出行情已經誕生（或已經毀滅）。

預測最高價和最低價，像用竹籃打水

剛出道時，我覺得能賣到波段最高價（或買到波段最低價）很值得炫耀，在股價上漲時，感覺上每一個持續創短期新高的價位都有可能是波段

最高價，再加上害怕到手的利潤飛走了，所以，我當時的口頭禪是「往上賣」；結果，我總在起漲階段就幾乎把股票賣光了，等股價漲到高檔，因為所剩無幾，反而捨不得賣，甚至還去追高。

後來，我體會到做股票不可能完美，一定會少賣一些價錢（或多墊一些成本），如果我們想賣到最高（或買在最低），不是說「拿不到一百分，也可以拿到九十五分」，而會是拿到五十九分，因為如果我們執著於不可能抓到的最佳機會，也無心去抓次佳的機會。我們應該秉持「有多少資訊，做多少事」的原則，等疑似頭部或底部出現後再應變，這樣雖拿不到一百分，通常也可以拿個八十五分。

我們都知道「要投靠趨勢」，但在趨勢持續的這段時間，因為我們已經習慣了，等趨勢改變，常轉不過來。行情觸底時，我們還因為先前的跌勢而嚇得半死，隨著漲勢的持續而愈來愈樂觀，卻在做頭階段過度樂觀，克服這種心理的慣性，要依靠值得信賴的交易原則。

我最常用來判斷頭部或底部的技術指標包括K線形態、走勢圖上的高低點、趨勢線以及六十日和二四〇日均線。

我最基本的原則是，股價反彈離近期最低價愈遠，愈不容易再破底，底部形成的機會愈高，當然，底部愈確定時，進場的成本愈高；股價拉回離近期最高價愈遠，愈不容易再穿頭，頭部形成的機會愈高，當然，頭部愈確定時，賣的價錢愈低。

在初步的買進（賣出）訊號出現時加（減）碼

當年，我從投資公司總經理那裡學到的第一課是：在跌勢中要等大盤出現長紅才考慮進場，因為指數比較不容易再破底。除了日K線出現長紅，通常，大盤或個股在低檔區出現的初步買進訊號，還包括日K線出現長下影線或十字線，或日K線連續開低走高收小紅或連續出現下影線。此外，在大跌後日K線出現長黑、長上影線或跳空而下，但隔天卻沒什麼低

價，常是多頭反撲力道增強的底部訊號。

雖然底部經常出現這樣的訊號，但這樣的訊號出現時，不一定是在底部，因此出現這些訊號時，只能酌量買進。先前指數跌幅愈大，愈可以多買一些，尤其當指數已跌到歷史低檔時。如果隨後指數逐一向上突破短期高點、更長時間的高點，或其他重大壓力區（如近期下降趨勢線或六十日線），中線漲勢逐漸明朗，我們可以再逐步加碼。

同樣地，在高價區出現的初步賣出訊號，包括日K線出現長黑、長上影線或十字線，或日K線連續開高走低收小黑，或連續出現上影線。此外，在大漲後日K線出現長紅、長下影線或跳空而上，但隔天卻沒什麼高價，常是空頭反撲力道增強的頭部訊號。出現這些訊號時可以先酌量減碼。先前指數漲幅愈大，愈可以多賣一些，尤其當指數已漲到歷史高檔時；持股愈是飆股，出現這樣的訊號，尤其是跌停，愈該多減一些。如果隨後股價逐一跌破短期低點、更長時間的低點，或其他重大支撐區（如近

期上升趨勢線或六十日線），中線跌勢逐漸明朗，我們可以再逐步減碼。

回顧民國九十七年那一波跌勢，在五月二十日馬英九總統就職那一天，大盤以當天和波段最高點的九三○九點開出，幾乎收最低，在行情已大漲一段時日後，日K線出現二四一點的長黑，短線拉回的機率很高，我們應該減碼（見 P.269 附圖）。據我所知，很多人因為政治判斷，認為即使慶祝行情已落空，兩岸和解的實質利多正要發酵，而沒有賣股票。

主要趨勢的跌幅以往曾跌掉前波漲幅的八、九成

純粹回歸技術面，如果當時我們沒有賣太多股票也是情有可原，因為大盤可能只是回檔而已；但隨著跌勢逐漸擴大，等五月二十三日指數跌破五二○前最近的兩個低點（七九○○點與八七五四點）所連成的修正後上升趨勢線，當時約在八八八○點，我們還可以減碼。

五月二十六日，指數跌破近期低點八七五四點，而且跌破六十日線所

在的八七四〇點，多頭更危險了；等到六月十三日，六十日線的角度進一步轉而呈現下彎的趨勢，行情很可能不只是回檔，而是回跌了。雖然這時指數更低，已來到八一〇五點，但做股票本來就該隨著跌勢逐漸明朗而逐步往下減碼，在此時還可以減碼。

等六月二十七日指數以跳空直接跌破民國九十七年一月七三八四點的近期低點，以九八五九點與九三〇九點為兩個頭部的 M 頭形成（見 P.352 附圖）。這時如果我們還有股票，是另一個賣點。從頭部九八五九點跌到頸線七三八四點，共跌了二四七五點，依照經驗法則，指數最少要再跌二四七五點的同等跌幅，也就是至少會跌到四九〇九點。

或許我們沒料到指數會跌到三九五五點，但如果和先前的兩次大跌相比，民國七十九年指數自最高點一二六八二點跌至二四八五點，跌掉了八成，民國八十九年到九十年，指數自一〇三九三點跌至三四一一點，跌掉了六成七，民國九十七年的跌幅不到六成，並不是最慘的。

換另一個角度來看。民國七十九年指數在漲了一二二六一點後下跌一〇一九七點，民國八十九年在漲了七九〇八點後下跌六九八二點，這兩波跌幅占前一波漲幅的比率分別為八三％和八八％。而民國九十七年在漲了六四四八點後下跌五九〇四點，這個比率為九一％，雖然比先前的還高，但不會差太多。

因為大盤在急跌後，反彈時通常不會一次就站上六十日線，因此，自民國九十七年五月二十日大盤反轉以來，在日K線出現長紅時，如果想搶短買進，我們首要評估的是，當時指數的位置離六十日線的反壓之間的距離要夠大，這表示指數仍具反彈空間，但最遲應在股價再破新低時認賠。

沒買在最低點附近又何妨

當大盤於民國九十七年十月下旬跌破五千點後，我觀察的重點是，月線連接民國七十九年的二四八五點和民國九十年的三四一一點的長期上升

趨勢線會不會失守？當時該支撐約在四二五〇點附近（見 P.352 附圖）。

雖然這條趨勢線的時間架構相當長，支撐理應很強勁，但我不預設立場，不會一看到指數跌到四二五〇點附近就進場，而是至少要看到指數守穩這條線並出現買進訊號時再進場，比如說日K線拉出長紅。

結果，大盤延續一路破新低的慣性，直到同年十月二十八日，指數跌破了這條長期趨勢線，最低來到四一一〇點，但立即重新站上該線，收四三九九點，拉出一根長紅，這是搶短買點。隨後大盤拉出一波反彈，反彈了九八六點，比先前的反彈行情最多只上漲六六八點，還多出許多，多頭的力道正在增強，這令習慣做多的我深受鼓舞。

十一月七日，大盤開低收平高，拉出長紅，收四七四二點，我本以為大盤將形成 N 形底而加碼，不料大盤此後一路探底，甚至在十一月二十日收盤跌破前波低點四一一〇點，我在指數破底時，先認賠殺出一些部位。

記得在五二〇做頭前，很多人看好台股將挑戰一二六八二的歷史高點；但

等到六個月後跌破四一一〇點的這一天，很多人又認為指數將下探二四八五點，預測的落差超過一萬點。

二十一日，指數開低走高，我在盤中指數站回四一一〇點時先回補了一些股票，等臨收盤前確定大盤將重新站上四一一〇點並拉出長紅，又追高回補了一些。雖然事後證明，當日的三九五五點是波段最低點，但虛驚一場的我，在指數破前底四一一〇點的這兩天裡並沒有額外加碼（見P.268附圖）。

附買回公債的利率是資金面的領先指標

此後，支持我逐漸翻多的原因，除了大盤跌到自二四八五點以來的長期上升趨勢線後就跌不太下去了，還有資金面的因素。我很少用資金面的事來輔助判斷，但在民國九十八年初的大盤打底期間，資金面戲劇性的變化，令我不注意也難。

和很多投資人一樣，通常我把暫時用不著的資金拿去買附買回公債，等到買了股票後再解約。在民國九十七年十二月十二日之前，附買回公債的年利率還有一・○三％～一・○八％，不料十二月十二日央行進一步降息，附買回公債的牌告利率在一夕之間竟跌到○・三％～○・六％，隨後更快速下探到○・○五％。

在股市準備放長假的農曆年前，我本想把用不著的資金拿去買附買回公債，多少賺點利息，但利率還在○・一％的低檔徘徊，有買等於沒買。雖然我知道，游資氾濫不代表馬上有大行情，因為大家都在等更低價，但在指數急跌了近六千點、已處於歷史低檔區的情況下，一旦投資人的情緒被點燃，將掀起一波大行情。

我念頭一轉，很多股票族可能和我一樣，正苦於資金無出路。

不是贏在起漲點，而是贏在漲勢形成時

民國九十八年三月四日，投資人的情緒被點燃。當天指數以中紅站上六十日線，收四五四一點，而且六十日線正式止跌翻揚，宣告中線有一波漲勢（見 P.276 附圖）。隔天，指數一開盤就突破短期高點四六○七點，並突破連接民國九十七年五月二十日的九三○九點和同年八月十五日的七三七六點的下降趨勢線，也是加碼的買點。等三月十三日指數一舉突破近期高點四八一七點以及一二○日線，也是加碼點。

六十日線和圖形上的高低點，是我技術分析的兩大主軸。指數在大跌後，不管是先站上六十日線或近期盤整區的高點（如本圖中的四八一七點），我都會先加碼，如果指數繼而站上這兩者之中的另一個反壓點，我會再加碼，尤其當加碼的成本不會墊高太多時。

甚至等三月二十三日指數以長紅站上民國九十七年十一月五日的更長期高點五○九五點，對於股票還沒有買滿的人，還可以買，因為對照先前

指數從民國九十七年九月二十四日的六一九八點，幾近直線的下跌，如今站上五○九五點後，短期內線形上檔沒有大反壓，指數很可能急漲到六一九八點，或漲到當時位於六二三八點、正以每天十五點的降幅下降的二四○日線。

果然，大盤在突破五○九五點後持續強勢，在創下短期新高後拉回幾天，很快再創新高，而且拉回時不破先前拉回的短底，這是這波漲勢的一大慣性。另一個慣性是指數拉回不破六十日線。

直到四月十七日，指數最高來到六○七一點，在站上二四○日線的五九七二點後又跌落，收五七五五點，拉出一根長黑，這時可以減碼。指數隨後下探至四月二十九日的五五七一點。

在漲勢慣性不再時先減碼

四月三十日，指數一開盤就大漲三四九點，跳空站上二四○日線，收

在五九九二點，漲幅高達六‧七四％，非常強勢，這是一個好買點，因爲當日很多權值股漲停叫進，隔天還看漲，所以即使指數並未穿越近期新高六○七一點，但再創新高一蹴可幾。順便一提的是，我在四月三十日的加碼點比四月十七日的減碼點墊高了成本，但這時候我才確定指數還要上攻，這是我付出的保險費，我不只買現股，還買期指。

這是我永遠難忘的一天。自我同時積極玩現股和期指以來，第一次遇到台指期亮燈漲停，對於習慣在現股追漲停的我，不由分說，全力搶進漲幅上限七％的台指期，台指期漲停量縮後，等漲跌幅幅度更大的摩台續漲到十二％時，我先放空鎖定一部分獲利，隔一交易日台指期又收長紅。但搶台指期的漲停也不是穩賺。同年九月十日，指數上攻到七千五百點附近時，台指期盤中亮燈漲停，我食髓知味，又去搶進，這次漲停叫進沒多久就打開，我拖到漲幅收斂到五％時，知道收上影線難免，才分批認賠殺出，把上一次搶漲停的獲利吐了一半回去。我體會到，要不要搶進漲停、

要搶多少，或要放空，還要看股價的位置。順便一提的是，從此直到民國一一一年十月底，台指期從未再觸及漲停，尤其當民國一○四年六月一日起漲跌幅放寬至一○％，台指期要漲停更是難上加難。

五月二十二日，報紙上用顯著的篇幅，不約而同刊載諾貝爾經濟學獎得主克魯曼和某跨國金融機構的說法，「全球經濟最壞時刻已過」，這時指數已來到六七三七點，比先前三月四日技術面的買點，足足多了二一九六點。

此後大盤一路上漲，在六月二日創波段新高七○八四點。指數隨後在六月四日跌到六七一六點後小反彈；然而，反彈時很快再創新高的慣性不再了。六月八日，指數更以長黑摜破六七一六點，這是減碼點。隔日，指數跌破六五九○點的短底，更跌破這一波自民國九十八年三月三日的四三二八點連接同年四月二十九日的五五七一點，所形成的上升**趨勢線**。

好用的技術指標只有幾個

　　隨後反彈時，指數在六月十二日最高來到六五八六點，站不上原先的最高價）不是買進（或賣出）的正確時機，因為這時候我們根本還不知道低點六五九○點，原本在六五九○點的支撐已變成了反壓。之後，指數於六月十五日跌破近期六三三九點的低點，我們可以持續減碼，但已不必減太多，因為下檔即將面臨六十日線六一○五點的支撐。六月十八日指數來到六一○○點的低點，守住了四月十七日的高點六○七一點，卻稍微跌破了六十日線，如果我們在這天減碼，隔天指數以中紅站上六十日線時要再買回來。隨後，指數在六一○○～六五八六點的股票箱波動。七月一日和二日，指數接連以長紅和中紅站上股票箱的上限六五八六點和先前低點六五九○點的反壓，大盤轉強，是加碼點，但要突破七○八四點的波段高點，才有較大的行情。

　　股票投機成功的祕訣是在正確的時機大手筆買進或賣出。最低價（或最高價）不是買進（或賣出）的正確時機，因為這時候我們根本還不知道

指數或股價接下來會漲還是會跌；等漲勢（或跌勢）形成才是進場（或出場）的正確時機，因為這時候我們才知道後市還會漲（或還會跌）。就像李佛摩所說的，「放棄嘗試抓住最高一檔或最低一檔，這兩檔是世界上最昂貴的東西」，我們常為了賣在最高價（或買在最低價）而賣太早（或買太早），更糟糕的是，我們因為惦記著錯過的最高價（或最低價），而在跌勢（或漲勢）確立時，賣（或買）不下手。過去的已經過去，我們要往前看。

第17課 在對的時間，選對的股票

輸家看遠在天邊的事，卻無法預測長期的基本形勢
贏家做手邊的事，認為股市預測像氣象預測，短期一定
比長期準確

基本分析偏重於從股票的內在價值來研究股價有沒有漲跌空間，關心現行的股價被高估或被低估的幅度。但問題是，投資人如果認為股價被嚴重低估就進場，就會在股價盤整時浪費了機會成本，或在股價進一步下跌時遭受損失。技術分析偏重於從股價短中期趨勢來研究進出場時機，不太

關心股價偏高或偏低，而是更關心股價會不會更高或更低；技術派人士雖然不可能知道上漲幅度（或下跌幅度），但只須知道漲勢（或跌勢）已形成，就足以促使他們積極買進（或積極出脫），他們想更有效率地抓到差價。

我認同數學大師貝諾·曼德伯在《股價、棉花與尼羅河密碼》一書中所說，「在金融市場，所謂『價值』，並沒有多大的價值……，金融市場的主要動力，不是來自價值或價格，而是價差，不是平均，而是套利。」我把他的話引伸為：賣鑽石的人不比賣碎石的人高貴，從事價值投資的人也不比從事股票投機的人高尚，重點在於誰賺得多。

著迷於虛幻的長期，不如專注於有把握的短期

雖然股價漲多必跌，跌多必漲，從長期來看，感覺上股價會回歸平均值，市場上不存在超額利潤，「長期持有」是最好的策略。但從短期來看，

由於投資人情緒的激盪和想像力的渲染，在其中某些時段會把股價推向混亂的極端，何不利用市場這短暫的脫序來套利呢？

在探討「長期」的問題時，也涉及了「平均」的問題。為了降低不確定性的焦慮，我們期盼有一明確的平均值可以依循，以便知道股價是否偏高或偏低。對運用價值來投資的人而言，這個平均值可能是根據股票內在的價值和成長性而推估出的合理價格，他們傾向買在股價嚴重低估時，賣在股價嚴重高估時；對投機客而言，這個平均值可能是一段時間內的平均價。

雖然股價總會回歸平均值，但因為我們不知股價漲多少或跌多少後才會回歸，也不知回歸的幅度有多大，所以如果我們在漲勢（或跌勢）剛形成時，一味地等待股價回歸平均值再進場（或再出場），就會錯失很多機會。

向上突破時買進，不必等拉回時買進

像我這樣的短中線投機客，雖然也用歷史價格來做股票，比如說，我在指數回到歷史低檔或長期上升趨勢線時會部署一些基本持股，但不會苦等這難得出現的時機。在指數跌深後，我也不會只因為看到六十日線的負乖離率已達到歷年來的偏低水準，就預期指數會向平均值靠攏而反彈，就大舉進場；我至少必須看到指數強力反彈，比如說，拉出長紅或長下影線時才進場。我重視更具時效性的短中線趨勢。我真正大買的時機，是要等指數跌深後，向上突破六十日線，而且最好是六十日線的角度已經快止跌翻揚。

我覺得，做股票最錯誤的觀念之一是：在漲勢形成後，等指數或股價拉回守住六十日線後再買。這個觀念就像「指數或股價向上突破箱形上限時，等它拉回站穩箱形上限再買」，讓原本猶豫不決的人更猶豫；但真正強勢的市場或個股不太會回頭，尤其當突破六十日線或箱形上限的氣勢很

強勁時，這樣就買不到了。

就算指數或股價拉回測試季線，我也不會在拉回過程中買進，而是等它拉回守住六十日線後，再一次形成強勁的向上動力時買進，比如說，拉出長紅或再創近期盤整的新高時。但萬一拉回跌破六十日線，我會考慮減碼。

贏家重視股價的極端

順便一提，有時候，我們取歷史數據中的平均值來預測股價，如果數據的變異程度太大，是不可靠的。比如說，我們想根據民國八十九年以後指數每次跌破二四○日線後又跌了多少幅度的平均值，來預測這次跌破二四○日線後的止跌點，但這些年來指數跌破二四○日線後，有時只再跌一點點，但在民國九十七年卻又續跌了五四％，因為其中的變異太大，所以不能取平均值來做預估。

在股市這個極端的世界，我們在某一小段時間內的獲利（或損失），有可能超越先前好幾年的總獲利（或總損失）。所以，真正關鍵的是超漲時的大贏或超跌時的大輸，不是大盤的平均年報酬率。

就像我們在夏天到新疆吐魯番旅行，如果只知道該地的平均氣溫很宜人，沒帶禦寒衣物，到了目的地一定會傻眼，因為那裡晝夜的溫差相當大，那裡的人「朝穿皮襖午穿紗，懷抱火爐吃西瓜」。因此，我們不能只關注某日的平均溫度，還需要關注最高溫和最低溫，以及它們出現的時間和地點。

做什麼事情都要講時機

同理，在股市，我們也不能只關注代表權值股股價加權平均的指數，或太強調過去一段時間指數的平均值或年漲幅，而忽略了時間和個股這兩個更細部的變數。

就「時間」的層面而言，光看短期間指數的平均值或漲跌幅，就會令人遺漏掉很多重要訊息，如果把時間拉長，令人遺漏掉的訊息更多。

例如台股繼民國七十九年後，於八十九年再度站上萬點，指數看似差不多，這是根據長期和平均的觀點；但在這十年間，很多投資人的境遇像在天堂和地獄之間來回了不知多少回，能大致抓對指數重大轉折的人，身價已不可同日而語；又例如民國一一一年初，指數創下一八六一九點新高，比一二六八二點漲了近六千點，但很多股票即使還原權息值，並未創新高，可見做股票要見樹又見林，在大環境不好時少做，大環境好時重押會漲的股票，才能賺指數又賺差價。

做股票時要密切觀察盤勢的最主要理由是，愈是重要的買賣點，機會愈可能稍縱即逝。股價走勢不是連續的，價格可能突然一下子跳好幾檔，今天的收盤價不一定是明天的開盤價；而且，大漲或大跌常濃縮在一小段時間內發生，尤其在跌勢時更是如此。投資人進出場的時機，差一點點就

差很多，有時在第一時間沒注意到或沒做出反應，步伐就跟不上了。所以，我們不只要密切觀察盤勢，在關鍵時刻，除了看日線圖，還要看五分鐘走勢圖，這樣反應會更靈敏。

掌握個股輪動

再把「個股」的因素考慮進來。個股的波動可能遠比大盤的波動激烈，如果我們又大致抓對個股的脈動，身價更有可能翻好幾番。當然，如果選錯股，也有可能指數跌不到一成，持有的股票卻腰斬。

在早年指數大漲政府就會打壓的年代，主力最愛炒作不占指數的小型股。後來，法人取而代之，成了另一種形式的主力，他們為了拚績效，一定會找一些小型股來認養，而且股價愈漲愈要搶。有一次在大盤處於漲勢、漲跌幅七％時，我有一位營業員朋友打電話給我，說在她那裡下單的法人，追高已漲了第四支長紅的小型股，她很困惑要不要跟進。

因此，把股票分類有必要。把成長股和價值股、小型股和大型股、低價股和高價股、外銷股和內需股……做分類，或根據不同的產業做分類，甚至在類股中區分出次類股，分別觀察其走勢，並觀察類股或次類股的成交量占大盤成交量的比率，比起只觀察指數走勢及總成交量，更能貼近市況。

投資人會注意準除權息股，因為這可以從上千檔的個股中，縮小選股目標。通常息（權）值愈大而且如果除息前因為棄息賣壓而導致股價相對大盤弱勢的股票，因為除息後股價一下子掉很多，愈可能填部分息，尤其是市場的熱門股。像含息二十元的陽明，在民國一一一年六月二十七日除息前急跌，除息日強勢漲停，隔天又拉出長紅；較陽明晚兩天除息十八元的長榮，因為除息前已跟著陽明拉出一根漲停，除息後幾天走勢疲軟。

長榮在除息前一日收平盤，自營商出現七萬三五二四張超級買超，股市爆料同學會上一片叫好聲，卻有網友篤定地說，「這個罕見大買超是自

營商和大股東講好的，後者為了避稅丟給前者承接，除息後自營商就倒光了。」沒有人能確定除息前長榮大股東和自營商是不是有套招，但除息當天自營商賣超七萬三六五八張，很可能把前一天進的倒得一張不剩，長榮股價從九十五‧七元跌到以八十九元作收，貼息一‧五元。

高價股更不能在賠錢後就長期投資

我有一位朋友曾很喜歡收集一千元的股票，他認為這是市場上基本面最好的公司。他曾在接近一千元時買過禾伸堂和伍豐，受到重創；後來，宏達電漲到接近一千元時，他不敢碰了。他說高價股，尤其是高價股中的科技股，由於產業變化太快，更不能在賠錢後就長期投資，因為更難靠配股配息而解套。做股票時，我不只看上檔空間，也看下檔風險。在跌勢時，高價股最令人不安的是底部深不可測。雖然我不喜歡用淨值來評價股票，也知道淨值不一定撐得起股價，但高價股離淨值太遠，總是更危險。

值得注意的是，如果股票太冷門，流動性風險也提高了。通常除非是找到了更會漲的標的，我很少在股票漲升途中往上賣很多，我等大盤或個股做頭後才大賣。但如果握有相當數量的冷門股，我會趁著成交量熱絡而價格看來已漲得差不多時就賣，以免等到股票做頭後，萬一成交量萎縮賣不掉。

股市高手和籃球高手都是善於把握時機並見機行事的大師。我的「短中線操作」中的短線，不是刻意想搶短線的差價，而是當價格滿意、局面生變或是當我找到可能更會漲的股票，只好把原來買進不久的持股賣掉；我的中線不是硬性規定自己不能做太長，而是因為無法預料波段漲勢會不會真的形成、能持續多久，只好把較長期的時間架構切割成一段一段來看，隨時做修正。如果持股漲了一段時間後，短中線線形依舊看好而且相對強勢，我還是會續抱，我學習適應股價漲向極端；而萬一情況不對，我分批減碼，以避開股價跌落極端。

第18課 漲時重勢

輸家在多頭市場等想買的股票跌到多低價才肯買

贏家在多頭市場把錢押在可能最會漲的股票

曾經，我選股不選市，以為即使大勢不好也有個股異軍突起，後來才發現，我太自不量力了，因為這時候逆勢的股票很少，即使有的個股線形看似要築底，卻常因大盤跌勢擴大而跟著破底。股市是「時勢造英雄」而不是「英雄造時勢」的世界。當大盤漲勢明確，即使有的個股線形看似要做頭，卻因為大盤漲勢擴大而跟著穿頭，這時候，我依照「漲時重勢」的原則，積極加碼強勢股，在開盤的四個半小時內，不會因為股價在漲就開

著，而是不停地盯盤並動腦，伺機轉進到更有爆發力的股票。

我依據大盤技術線形來研判市場偏多或偏空的程度，以決定持股比率。在股市最大的自由就是，當我們對後市很有把握時，可以大進或大出；當我們對後市沒把握時，可以小量進出或多空對作，甚至保持觀望。

做股票不像其他競技，即使參賽者的狀況不好或搞不清楚情況，都要按照既定的賽程出賽。

買到底部，可遇不可求

雖然跌勢再慘烈，終有結束的一天，但要看出熊市或牛市最後階段的情緒轉折，同樣很困難。當空頭如入無人之境，一一摜破下檔支撐，悲觀情緒蔓延開來，在市場出現第一支地雷股後，大家都在臆測，誰是下一個未爆彈？空頭的耳語鋪天蓋地襲來，被點到名的個股持有者，有的惟恐股票變成壁紙，不分青紅皂白，寧可先賣再說；甚至，當有些沒被點到名的

個股莫名其妙跌停時，持股者直接聯想到的就是「莫非公司出了問題？」因而加入追殺的行列。市場演出多殺多，一大堆股票掛在跌停還出不掉，市場陷入不容易變現的風險中。

就在投資人的情緒由恐慌轉爲絕望，融資餘額被大量逼出的同時，也有極少數技術能力和心理素質超優的投資人，正準備進場。

民國九十七年九月十六日的下午，我急著拿南山人壽的保單去辦理質押借款，我的一位老友也來了，不同的是，我是惟恐南山人壽受到母公司AIG的波及，想把錢暫時借出來；但他卻是準備把借出來的錢投入股市。他說，連AIG這麼大的保險公司都不保險，低檔已經很有限了，只是還需要一些時間來打底。不久後他開始分批進場，抓到了台股隔年的大漲。雖然我的操作風格和他不同，我等大盤打底後才會積極介入，但我非常欽佩他的膽識和對市場的直覺。

搶反彈要速戰速決

大盤跌深時，如果要搶反彈，我通常等大盤日 K 線可能出現第一根長紅或長下影線時，從盤中走勢最強的股票中，過濾它們的線形。通常這會是先前跌得最深的股票或當時出現利多的股票，但我讓盤勢告訴我。如果當天走勢最強的個股中包括跌最深而剛起漲的以及先前已有一段漲幅的，我傾向買前者，尤其當後者已反彈接近六十日線或其他重大反壓，我更不會買，我寧可等後者突破該反壓後的第一時間再考慮切入。雖然等技術面確認後，多花了一點成本，但這是保險費。

即使這些強勢股不久前公布的基本面不太好，我還是照買不誤，因為這之前已經反映在股價上了。有時，我等到指數盤底而離最低點的距離更大了之後會再加碼，雖然成本墊高，但這時指數比較不容易又破底。萬一這些股票未如預期的強彈，我就會先出一些，最晚在跌破近期底部，我會考慮全部認賠殺出。

我玩股票很多年，見慣了大風大浪，但歷經空頭的震撼教育，有時難免嚇破膽。搶反彈時的心情，就像在壓路機前撿銅板，我不敢搶太多，而且力求速戰速決，以免自己當不成搶反彈的先鋒，卻成了先烈。

搶反彈只是「前菜」，等大盤確認翻多，「主菜」才真正上桌。當大盤逐漸翻多，例如，當指數站上六十日均線，我搶短的股票有時已經賣掉了，還好，大盤剛反彈時的強勢股，往往不是趨勢翻多後的主流股，我迅速轉入主流股，逐步增加持股比重。

每次在空頭市場，一想到我在先前的多頭市場時玩那麼大，不禁捏了一把冷汗。但等到漲勢再起，我又買到沒錢買，而融資也用到最大限度。

雖然進場的成本和持股比率逐漸提高，但因為愈賺愈多，而且大盤支撐愈墊愈高，所以我的膽子愈來愈大。

在漲勢中，買上升角度較陡的強勢股

但有時我也會在一天當中急遽拉高持股部位，最常見的情況是，我在盤中追進漲停的股票，原本打算稍後賣掉相對弱勢股，卻驚喜地發現想要出脫的對象也漲停惜售，讓我吃下定心丸，決定不賣了。

在漲勢剛形成時，有時，大盤周線突然暴漲七％，總有專家在媒體上示警，「市場短線過熱，隨時會拉回。」但通常這離真正的反轉點還有一段漲幅，我們不必預設立場，也不必管專家怎麼說。

我奉行「漲時重勢」的原則，在大盤趨勢向上時，加碼強勢股。「大盤趨勢向上」包括兩種情形，一種是大盤處於明確的漲勢，一種是大盤處於漲勢中的區間整理。尤其在大盤處於明確的漲勢時，我更是奉行「賭博賭大桌」，哪支股票人氣「強強滾」就往哪裡擠。

強勢股包括當天盤勢中的強勢股和線形上的強勢股，線形上強勢又是當天盤勢的強勢股更好。線形上的強勢股包括：漲幅較大的股票、領先向

上突破同期高點或同期反壓（如六十日線）的股票，或大盤拉回時跌幅較小、甚至逆勢上漲的股票。

我還以上升趨勢線的角度來辨識強勢股，趨勢線的角度反映了市場主導群的情緒強烈程度。在「漲時加碼強勢」的模式下，資金向強勢股靠攏，於是強勢股挾著量能以較陡的角度昂首向上，弱勢股則在大盤的掩護下以低角度匍匐前進。我有時會買進上升趨勢線的角度由平緩轉陡的轉強股，在該股跌破修正後較陡峭的新上升趨勢線時會考慮減碼。

從漲跌幅排行榜和次類股線形中選股

我早期的選股模式是逐一看每支股票的線形，鎖定值得注意的個股，並從不斷湧出的新消息中，挑選具題材性而且線形好的個股。每天在盤中會有個股突然轉強，我從漲跌幅排行榜中尋找這些強勢股，除非這些個股基本面存在嚴重問題，否則我會進一步以技術面作為是否買進的依據。

在上市櫃公司家數激增之後，我一天看不完全部股票，會分幾天完成。在漲勢中我尤其會把即將創歷史新高的股票記錄下來，並隨時追蹤。

我還在盤中和盤後針對線形較好的次類股，從其中成員的走勢圖中挑選個股。我喜歡從正要領先創近期新高的次類股中，尋找其成員中的最強勢股。當整個次類股出現利多，而該次類股的線形看好，我會在看盤時把整個次類股成員的報價一起叫出來，以便能盡快擇強介入。

一般人操作上最大的缺失，就是不但沒有在大盤上漲時加碼強勢股，反而往上減碼強勢股，這是因為從起漲點來看，股價漲多而變貴了，就算漲勢再明朗，有的人還是以為這只是空頭市場的反彈。

在漲勢中，要做到「不減碼強勢股，反而加碼強勢股」，要有以下兩點認知。

第一，趨勢凌駕於基本面：當大盤處於明確的漲勢，樂觀的氣氛讓人的想法更接近投機者，甚至是賭徒，而不是投資者。只要炒作的題材夠吸

引人、股價會立刻再漲，投機者才不管股價已經漲了多少、本益比有多高。即使這時候買進的人，也認為泡沫遲早會破滅，但他們堅信還有「更傻的傻瓜」會來把股價推得更高。

一旦某支個股的線形翻多，如果我們還執著於該股的本益比已超過幾倍，或遷就於大家都已經知道的其他基本面利空數據，就算我們不敢買，但因為多頭市場的惜售氣氛很濃，只要有人拉抬，股價照樣大漲。

雖然有時個股題材的故事比營運的數字重要，但為了避免自己接到最後一棒，我們在被一個故事觸動時，別忘了靠技術分析來做最後的把關，以免像一則網路笑話所說的：**當我們沒進入股市時，傻子都在賺錢；當我們興匆匆闖進去後，才發現自己是傻子。**

第二，不要因股價漲幅已大而買不下手，甚至賣出。這時，我會告訴自己，在大盤打底階段，我對行情半信半疑，要不是這些股票接下來的漲幅擴大，我怎能確認它們的漲勢已經形成了呢？

我的農地第一次種蘿蔔，我看到蘿蔔長到露出地面的面積很大時，忍不住想挑大的拔。幫我種蘿蔔的農人告訴我，目前蘿蔔還在生長期，要先拔長不大的，像是與別的蘿蔔擠在一起而長得較小的，讓養分足夠供應給旁邊長較大的，而目前長最大的要留著讓它長得更大；等過一陣子，蘿蔔的生長期接近尾聲，就要先拔已經有開花跡象的，一個一個全部拔掉。

做股票就像拔蘿蔔。當市場處於漲勢中，如同蘿蔔還在生長期，這時要先賣漲不太上去的弱勢股，而不是先賣漲最多的強勢股，人氣不夠的弱勢股就像養分不夠的蘿蔔，我們的資金要分配到強勢股，如果還會漲，我們甚至應該買進；等股價或指數有做頭跡象再逐一賣掉，這就像蘿蔔有開花跡象。

一般人的迷思在於比較個股的走勢後，跑去買比較沒漲的，來求心安。比如說，A股創下波段高點時，同類股中的B股價位和它差不多，兩者同樣拉回後，如今A股已再創先前的新高，B股卻離當時的價位還差

二、三成，所以去買B股。但A股強B股弱，一定有它的道理，買漲幅落後股，通常占不到便宜。

有時我有這樣的迷思：在漲勢形成後，每次的拉回，表面上是讓我們少賺，實際上是要讓我們調整持股而多賺；除非拉回的幅度過深，才可能導致多空易勢。我們在漲多拉回時，要隨時注意拉回幅度較小的個股，等大盤看似又將上攻時，伺機轉進到這些最可能領先創新高的股票。

每次在多頭行情中，總有人問我，「有什麼穩健的股票可以買來擺個一年？」我認為在漲勢中，假如我們無法多承擔一些壓力去切入一馬當先的股票，以賺取超額利潤，而只想買穩健的股票，實在太可惜了。雖然野百合也有春天，每家掛牌公司除非要倒閉了，總會輪到它上漲，但我們的時間和資金有限，因此應該多觀察不同個股，等它轉強時再介入，而不是抱著牛皮股耗著。

在看多加碼的過程中，如果我們的持股在先前的空頭市場幾乎未隨著

大盤下跌或跌幅相對有限，我們常認為「抗跌就能抗漲」，因而不敢買進。事實上這些抗跌的股票必有過人之處，一旦大盤轉強，它們很容易率先穿頭，引來追漲買盤。

漲勢時不要害怕賺太多

我慢慢知道，由於以下幾個原因，漲時經常漲過頭。一、已進場的人都賺到錢而大舉擴張信用。二、原來觀望的人看到別人賺錢也忍不住跟著進場。三、原本逢高出脫的人，在看回不回後又去追漲。四、新發行的基金魚貫進場。五、媒體把大漲合理化。六、空頭的回補助長了多頭的氣焰。

所以，這時候我會牢記台灣諺語所說的「敢的人拿去吃」，戴著鋼盔往前衝，不會設定賺多少就鬆手；並牢記「未離開賭桌不算贏」的道理，不刻意逐日去計算賺了多少錢，以免患得患失。

NBA二○一二年總冠軍決賽前夕，東區冠軍熱火隊的「皇帝」詹姆

斯接受媒體訪問。為了奪生涯首冠，他在二○一○年夏天跳槽熱火，組成三巨頭，激起公憤，很多人等著看他笑話；二○一一年總冠軍賽熱火敗給小牛，媒體嘲諷他近「冠」情怯，在關鍵時刻表現失常。被問到怎麼看自己過去兩年的人生，詹姆斯說：「就像在遊樂場玩雲霄飛車和鬼屋，起起伏伏，忽明忽暗。」他說去年的失利鞭策他更加苦練基本功和必殺技，也讓他在反省後發現自己當時想太多，以致於畏首畏尾，他決意不讓那種情況重演，這一次他只求全力以赴，不會太在意勝負。

「起起伏伏，忽明忽暗」也正是股票族的寫照。當大多頭行情好不容易來臨，投資人光明在望，但擋在自己和光明之間的，往往是自我心理上的陰影。因為之前跌怕了，他們在應該傾全力迎接風水輪流轉時，變得膽怯和遲疑，持股解套了或賺一小段就跑，又不肯認錯回補或轉進其它強勢股……，還有，不敢擴張信用。

第19課 贏家把自己做大

輸家做股票還沒賺到錢就在想怎麼花

贏家做股票是想多賺錢來做更大

相較於其他行業，做股票最迷人的地方是規模可以放大。找到贏錢的模式後，我們不用增加太多的工作量，如果能隨著方法的精進和獲利的增加，漸進地把原本每次進出的張數增為十倍、一百倍，賺的錢就會增加幾個零。而在實務上，股市裡有的是融資管道，還有高槓桿的台指和股票期貨，也不乏容易進出的股票，問題是：在壓力倍增之後，我們能不能維持同樣的準度？

我剛進入股市不久，就碰到多頭市場。每當看好後市，我鼓起勇氣下了大注，只要股價漲一點點，我緊張兮兮的減碼，如果股價跌一點點，我更是嚇得縮減規模，退回原先令自己舒服的部位。通常，賣掉股票不久，股價就像是刻意跟我開玩笑似地急漲，我為了安全感付出代價。

直到學了技術分析，我才相信，除了像九二四證所稅事件那種極為罕見的突發大利空所引發的無量崩跌外，沒有「大跌前會不會有跡象」的問題，只有「在跡象出現時，你看不看得出來」的問題。

例如，回顧民國七十九年，指數自一二六八二點大跌一萬點，也不是直線的跌破萬點，而是在觸頂後盤跌了五周，才加速大跌，這是因為主力一時之間股票也出不掉，所以只好硬撐，而市場人氣也還沒潰散。我們最遲應該在大盤跌破代表季線的十三周均線，而且同時跌破盤跌五周來的近期底部的那周賣股票，這時還可以賣在一萬一千點左右。

格局要大，不要滿足於賺了多少

我想，既然股價在大跌前幾乎都有跡可循，如果趨勢翻多，我就不該因為忌憚突發大利空而不敢大幅擴張信用，而只須在股價走勢出現疲態或跌破重要支撐時再減碼。民國八十一年九月，我在擴張了五倍的信用後，和九二四崩盤一樣，同樣在中秋節前夕，因當時的多頭總司令翁大銘被收押，隨後短短三天，我賠光五年來所賺的。雖然在我的營業員姊姊墊款幫我融資追繳後，股價很快又漲回來，我化險為夷；但之後不要說不敢再用高倍數的融資，即使用自有資金在玩，我甚至不敢抱太多股票過夜。

民國八十一年底，我任職的投資公司總經理突然請辭，頓時蜀中無大將，我從原本操作公司一成額度的五百萬元變成操作五千萬元，心裡非常惶恐，向一位前輩請益。他告訴我：「對投資公司而言，五千萬元的資金算是小本經營。機會來了，一定要利用融資玩大一點。」

我聽了嚇一跳，一旦做融資，豈不是要承擔更大的責任？而且，只聽

說散戶做融資，哪有法人做融資？何況，我個人的資金才在兩個多月前因為玩太大而破產。

但仔細回想，我先前慘賠是錯在大盤漲勢還沒形成，我卻做高倍數的融資。我當時預設立場，覺得指數在跌了一萬點後，已整理了近兩年，打底打得夠久了，在指數還沒站上六十日線、趨勢還沒翻多前，就急著大舉進場，我進場時的指數，在短線急跌又急彈上去後，此後一直沒回來過。

就像《新金融怪傑》一書中所說的，「你可能看對市場的走勢，但如果信用過度擴張，最後還是可能賠錢。」我當年因為太早重押而瀕臨破產，但「擴張信用」本身並沒有錯，只是我應該等有賺錢才隨著大盤漲勢逐漸明朗分批往上加碼。

做融資練膽識

我還想到，我每天辛苦地做功課和看盤，出道五年才大致懂得操作，

而做股票是類似於「三年不開張，開張吃三年」的行業，碰到好年冬，如果不全力以赴，絕對不符合經濟效益，就像《股票作手回憶錄》中的金句，「除非你能從中得到所有可能的好處，正確有什麼用？」

我決定公司和個人的部位都要善用融資。說來也很幸運，觸底後整理了兩年兩個多月的股市，在我獨挑大梁沒幾天，展開長達七年的大多頭行情（見 P.353 附圖）。雖然我不敢一下子跳太多級，但我拾級而上，學習一級一級地適應更高的部位；雖然隨著自己操作得更純熟，如果我操作的額度停留在以前的水位，也會因為不能自我突破而若有所失，但我還是想像不到，自己竟然玩到那麼大。

就公司的部位，我在原來下單券商的融資額度做到爆後，再到另一家券商開戶，融資額度又多出來了。民國八十二年大盤漲幅八成，我用五千萬元的資金，靠著融資，讓自己的正確程度增為兩倍半，替公司賺了一億元。

就我個人的部位，因為在民國八十二年初我的資金大約只有一五○萬

元，也沒有財產可以拿去抵押借錢，由於強烈看好行情，我還嫌券商提供

的融資槓桿倍數不夠大。我以年息十五％的高利向銀行借了五十萬元的信

用貸款，把二百萬元投入股市後，再用日息萬分之六‧五的高利，拿股票

質借，買了我淨資產六～七倍、超過一千萬元市值的股票，跨出了成功的

第一步，並隨著帳面價值的提高和獲利的實現而愈滾愈大，在接下來的大

多頭行情中，大獲全勝。

我體會到，如果能靠著積極操作而在較年輕時致富，何必要靠著存股

而等到較年老時？愈年輕時賺到的每一塊錢的效用愈高，這不是指用來消

費的效用高，而是能愈早得到激勵愈好，也會有更多的交易保證金來錢滾

錢。雖然像《股票作手回憶錄》中所說的「鈔票會創造需要」，剛賺到大

錢時會帶來欲望，但如果我們對做股票有一定的把握，格局也夠大，在正

需要資金來擴張時，不要急著追求生活享受（例如買車、買房），資金將

會累積得很快！

指數常會提前反映即將發生的重大財經事件

自民國八十二年起，當我全力做多，只有在民國八十八年碰到九二一大地震的突發大利空時股票賣不掉。但當時指數在大跌幾天後，橫向整理了三個月，還是走回它原本的上漲軌道，而且很可能是因為浮額清洗得夠乾淨，之後急漲了二千六百點，漲抵一○三九三點，比九二一那個月的高點八四一二點，還多漲了近二千點（見 P.353 附圖）。

我雖然也曾在民國八十九年和民國九十三年兩次總統大選揭曉後的暴跌當中受重傷，但這兩次都不是純粹的突發大利空，而是比較接近一翻兩瞪眼的選舉攤牌。記得在第二次押錯邊後，一位市場前輩告訴我，「做股票久久長長，賺錢的機會多的是，何必去賭一個勝負各半的機會！」

如果我在具有相當勝算時才大買，而不是像那兩次總統大選時讓操作

淪為賭博，我都不會受重傷，即使是爆發金融風暴的民國九十七年，我也只是小賠。我更確信，絕大多數的大利空，尤其是財經面的，都不會在指數漲到最高點附近時爆發，而是在發布之前，有關人士會先在枱面下運作，於是技術面會領先下跌。

比如說，一家大型金融機構在倒閉前，會四處討救兵，會售股求現，這造成了股市技術面的變化，於是就有愈來愈多的人警覺到有些事很不對勁，而加入賣出行列。民國九十七年總統大選揭曉後的那一兩個交易日，市場沉浸於大選後兩岸破冰的歡樂氛氛中，法人大買，指數大漲，金融股卻爆出空前大量，現在回想起來，這會不會是公司派大股東已察覺次貸風暴正要擴大而趁機倒貨？

在利空醞釀的這段時間，指數會先盤頭，我就可以根據技術線形減碼。例如，在民國九十七年六月中旬台股指數跌破六十日線而且六十日線角度下彎，趨勢翻空，當時還可以賣在八一○五點，但等到同年九月十五

日傳來雷曼兄弟聲請破產保護，指數已來到六〇五二點。

讓你不舒服的事，可能就是讓你成長的好事

我覺得，我們只要能穩定獲利就可以做融資，而不必等到很厲害時，因為做融資也是讓自己功力升級很重要的一環。在股市，大賺的人比起小賺的人並沒有厲害多少，但這二大贏家的共同點是，他們在有把握時，敢大手筆進出。

融資額度可以備而不用，但做融資一定要成為我們的選項之一，尤其當我們的資金不多時，可運用資金的空間大了，自由度增加，更容易操作。做了融資，不意味我們忽略風險，反而是在漸進地承受比自己所能承受的還要大一些的壓力後，我們會更注意風險，看盤時會更專注，對盤勢會更敏銳，而把資金調度得更有效率。

懂得操作後，我發現股市中突發利空的機率，比我還是新手時所想像

的低很多。像民國七十七年因復徵證所稅而導致的崩盤，沒有人知道會不會重演，即使爆發的可能性總有一點點，我們卻不能因噎廢食。何況，股市不只有突發大利空，也有突發大利多，但我們不是要去賭這些無法預測的利多或利空，而是要根據可能性來合理地下注，這樣一來，在運用融資後，雖然績效波動會更激烈，但往往指數還沒創近期新高，我們的獲利早就創歷史新高。我慢慢體會了《股票作手回憶錄》中所說的，投機是「追求用足夠的量，來賺取確定的鈔票」，這句話隱含了在成功率高時做融資。

賺過大錢就像打通任督二脈

「安全感」除了造成我們買來買去總是那幾支熟悉的股票、只敢買本益比偏低的股票，或不敢獨立決策，還造成我們不敢玩太大或不敢玩太小。由於我習慣做多，到後來，我的問題不在於不敢玩太大，而在於不敢玩太小。當行情翻空，每當持股市值從最高點減碼到剩下五成，我減碼的

速度就變慢了。雖然持股的比率不高，如果行情續跌，賠起來也很可觀。

因此，我學習讓自己持股部位的落差更大。我告訴自己，在行情走空時，固然不可能極端地一下子由多翻空，但也不能因為已減碼過半而放慢腳步，而是應該隨著線形偏空程度的逐漸明朗，逐步讓手中的淨多頭部位趨近零；我還運用「甚至還有人在純粹放空」來提醒自己，這樣賣股票會更堅決，就像一位網友說的，「本來就是多空雙向做股票的啊，哪有死空或死多的？」

股票族最大的矛盾就是不敢玩太大，卻在股票大漲後怪自己買太少。

在股市，有實力就能賺到一些錢，能賺到一些錢就能賺到大錢，運用融資是讓我們從小賺到大賺的跳板。賺了大錢會上癮，膽子也會變更大。而通常第二次大賺要比第一次來得容易許多，因為破解了贏家密碼，而且勝利的經驗是興奮劑，會帶給我們做功課的動力。

漲勢時要找買進的理由，不是找不買的理由

多頭市場時，我常覺得資金永遠都不夠，因為舊持股還在漲，新標的卻如雨後春筍般一支一支地冒出來，最讓人壯膽的是開始賺錢了，即使還沒賺錢，如果追進的股票技術面出現買點而且漲停惜售，也讓我敢一下子拉高持股水位，因為馬上就很可能賺錢。就像《阿凡達》的經典台詞，「人的一生有時歸結於一次瘋狂的舉動」，機會來了，我們要全力以赴；尤其，當市場出現送分題，更是百年難遇，例如在多頭市場時出現全市場最低、不到四倍的推估本益比，而且營運能見度高的獲利爆發股。

即使市場洩題，投資人還是會看法兩極。像民國一○九年底到隔年二月底的貨櫃航運股，雖然股價有明顯漲幅，但隨著公布的營運數據愈來愈好，推估本益比並沒有超過四倍。當時有些人似乎一直在找海運股不能買的原因，而非讚歎它們的強大之處，他們認為貨櫃航運股景氣波動太大，怎麼上去就怎麼下來，不能用本益比來評價。但投機客認為，買股票不是

要抱到天荒地老，只要有更多人被超低的推估本益比吸引而想先賺一波機會財，股價就還會大漲；而且，在大多頭行情，沒賺錢的如生技股都炒翻天，而當時已有媒體指稱「出現百年一遇榮景」的貨櫃航運，股價怎麼會曇花一現？再漲多少的關鍵繫於繁榮期將拉多長。

股票像演員，就等一個機會

傳產股以往享有的本益比，向來較電子股低很多的原因，在於不像電子股獲利有爆發力，但是當陽明在民國一〇九年底公布十一月每股盈餘〇‧九二元，顛覆了市場想像，股價從十二元多急漲到民國一一〇年初的三十二‧一五元；隨後跌回十八‧七五元，原因除了籌碼面，更因為第三大股東港務公司釋股（附 P.321 附圖）。當時市場議論，是否公司派知道國際運價將反轉而出脫？還是只因為套太久了終於獲利而出脫？在民國一一〇年農曆年間，陽明股價二十一‧五元，在股市爆料同學會就有網友看

資料來源：XQ 全球贏家

不下去港務公司釋股，建議長榮公司派收購陽明，當時看到的人可能沒幾個會對這則推文有感覺，但事後證明這是一個偉大的構想。

在台灣，懂電子業的人很多，懂貨櫃航運的人卻不多，很多人因為不懂貨櫃航運，所以不敢介入太深。有時在關鍵時刻，看到對的專業訪談，會改變你的一生。同年剛過完農曆年假的二月二十日，當時陽明股價二十五・六元，攬貨業者台驊投控顏益財董事長在《老謝看世界》節目中說，這是他入海運市場四十年來首見的大爆發，「這一次運價的調升，應該不是短期的現象，不只是因為疫情的關係……，整個今年的景氣看起來還是樂觀的。」他說過去十年不景氣，有的船公司目前須先改善財務，然後才能談添購新船，加上從民國九十七年到去年（一〇九年），造船公司的家數倒閉了七成，產能也很有限，而且現在全球平均船舶的年齡超過二十一年，又要考慮新的環保規範，老船會加速淘汰，因為造一艘新船需要二～三年，因此，至少在兩年內，船舶的供應成長量和貨載成長量有缺口。

台灣諺語：壞船也會遇到好港路

這一席話預見了後來的產業走向，陽明在公告第一季稅後純益二四五億元，為過去二十六年總獲利的十三‧三倍後，股價飆漲。雖然說股價低迷得愈久，景氣一翻轉就會愈爆發，但我作夢也沒想到，如果從民國一○九年三月的四‧七二元計算，在不到一年四個月，陽明竟然漲了四十八倍多，漲到二三四‧五元。這很可能是很多人一生中所能遇見的大型股漲勢最凌厲的行情。

在陽明大漲的過程中，連擁有陽明第一手資訊的大股東港務公司，到民國一一○年四月一日還在申報轉讓，最高出到八十七元，但平均只出到三十七‧一元，共出了十二萬張，不過是再三個多月，陽明用每股一八二元，完成了十六萬張的現金增資，而錯估形勢的承銷商元大證券，被迫吃下十二‧五萬多張的現增股。七月二十日陽明現增股上市，股價以一八五元的平低盤開出後，隨即下殺，跌到二三日收一四五‧五元（見 P.320

附圖）在這四個交易日，元大總公司賣出約九萬六千張的陽明，均價一六

五元，若這些大多是認購現增而認賠殺出的，對比陽明不久後跌到八十

三‧六元，元大證券的停損算是神操作。

驟雨不終朝

順便一提的是，長榮和陽明在各自突破民國一一○年初的四十六‧二

元和三十二‧一五元的高點後，幾乎只漲不跌，只要不是刻意玩當沖或隔

日沖的進場者，都很容易變成波段操作的贏家，因為技術面沒出現賣點

（見 P.136 和 P.321 附圖）；等漲到一○○元附近，因拉回較深，技術面才

有賣點。我的持股在飆漲後，即使基本面足以支撐股價，但因為短中線乖

離過大，心裡很不真實。我通常在飆股出現第一根長黑時減碼，尤其該股

伴隨利多出現時，等拉回後如果該股基本面持續看好，我會在出現第一根

長紅的反彈時回補一些，最晚在強勢創新高時再加碼，就算增加了一些成

本，但這是保險費。

長榮和陽明的持有者如在一○○元附近回檔時沒被洗掉，或被洗掉後能在漲勢再起時追回，很可能直接抱到二○○元以上，因為這一過程中沒有出現明顯回檔的賣點。對於手中漲多的股票，我大多賣在頭部形成後而不是賣在做頭前。雖然有人認為「賣太早，如果股價還會漲，可以再追回來」；但尤其對於已創歷史天價的，上檔無潛在的反壓點，也不是那麼好回補。我們認為漲得差不多了，只是憑感覺，而在疑似頭部出現時再減碼卻有依據，「有依據」總比「憑感覺」更合理。

疑似做頭時，我用「賣掉後還可以再接回來」幫自己下定決心，但不是賣掉的持股有差價就回補，而是就技術面和基本面評估，接回原持股是合理且相對較佳的選擇；要是我用更高的價格買進，我就把它看作是一筆新的操作。同樣地，對於跌深的股票，我大多買在底部形成後，而不是買在打底前。

第20課 跌時迅速減碼

輸家太在乎輸贏，進退都猶豫
贏家在乎贏時多贏、輸時少輸

我們常說：「漲時重勢，跌時重質。」「漲時重勢」這句話沒什麼爭議，但我認為「跌時重質」這句話是根據「投資」而不是根據「投機」的觀點。投資客在股票投資價值浮現時不會賣股票；而投機客在跌勢形成時先賣股票再說，不僅要出投機股，也要出績優股，不僅要出弱勢股，也要出強勢股。

就我個人的經驗，底部快浮現時，很多人都在問：「台股還有救嗎？」

反之，頭部快形成時，我們最常聽到的是，「美股的本益比比台股的高很多」。有些時候，大盤在先前已經漲了一大段後，還在漲或處於盤整，我也還在做多，卻賠了差價，通常這時跌的股票比漲的股票還多很多，而漲的股票大多是權值股。我體會到，在指數大漲後，操作難度升高的背後，經常意味著大盤漲勢已經到了尾聲。

當多頭勢如破竹，突然指數爆量出現長黑或長上影線，因為指數離最高點有一些差距，多頭開始擔心線形會做頭。尤其是當天指數一度大漲，收盤卻是大跌，投資人從大賺到大賠，更常是氣勢變弱的轉折點。就像在NBA的比賽中，在最後五分鐘還領先十五分的球隊（如二○一一年總冠軍賽第二戰的熱火隊），被逆轉後，不僅輸掉一場比賽，氣勢也轉弱了，常從此持續低迷。

沒賣在最高價才正常

出現長黑或長上影線的警訊時，如果我們沒減碼，等跌勢更明朗，我們還是可以賣，但我們總想到，「先前的更高價都沒賣，現在怎麼賣？」

有人還引用教科書上「如果指數回檔不到先前漲幅的三八‧二％，仍屬強勢」來安慰自己，但等到指數真的回檔三八‧二％，更賣不下手。

為了避免因為沒賣在最高檔而耿耿於懷，影響了操作的節奏，在大盤大漲後，當日K線盤中出現第一根長黑或長上影線時，無論如何，我都會減碼一些，即使是賣在當天的低檔，尤其當指數離六十日線的初步支撐，距離還很遠時。

但習慣了多頭的漲勢，我難免失去戒心，在大盤拉回時，我即使減碼，數量也不多，隨著盤勢翻空逐漸明確，我被迫往下減碼，尤其當指數在大漲後跌破六十日線；如果指數接下來站不上或站不穩六十日線，以至於六十日線的角度正要轉而下彎時，我會更小心。

就算搞不清楚後市，我也會隨著整體獲利的下滑而降低持股比率，替自己留一點喘息的空間，尤其當指數下跌而離最高點有一段距離時，我更積極減碼，雖然售價變低了，但這時指數比較不容易再創新高，原先的多頭走勢出現疑慮。

我先從盤中走勢最弱的股票中，過濾它們的線形，通常這會是原先漲得超過本質太多的股票或當時出現利空的股票，但我讓盤勢告訴我。即使這些弱勢股不久前公布的基本面相當亮麗，或公司派對未來的營運很看好，但因為利多已反映在股價上，而且持有者可能隨便賣都賺很多，潛在賣壓可觀，所以我還是照賣不誤。萬一這些股票在我賣出後看回不回，我再考慮回補還不遲。

線形上的弱勢股包括：跌幅較大的股票、下降趨勢線角度較陡的股票、率先跌破同期低點或同期支撐（如六十日線）的股票，或大盤反彈時漲幅較小，甚至逆勢下跌的股票。

在跌勢中要迅速減碼，要有以下兩點認知。

第一，趨勢凌駕於基本面。當大盤趨勢往下時，「股價會不會立刻再跌」才是投資人最主要的考量，因為投資人買股票是為了賺錢，不是為了少賠。而優質的股票不是不會跌，只是跌得比較少，何況，當投機股大跌後，績優股因為跌幅較少，大家比較賣得下手，反而成了變現的提款機，因而補跌。即使這時候還在砍績優股的人，也認為它的股價已屬合理，但他們堅信還有更低價可以回補。所以，在跌勢中，「審視持股的基本面」的說法，看似合理，但愈是優質股，愈可能讓投機客套牢愈嚴重，重點在於要大致了解股價的位置。

一旦某支個股的線形翻空，如果我們還執著於該股的本益比已經跌到十倍以下，或遷就於大家都已經知道的其他基本面的優異數據，雖然我們不賣，但因為空頭市場的接手很弱，只要有人殺出，股價照樣大跌。

大盤剛開始下跌，我們哪一次沒從媒體上看到「先蹲後跳」、「這只是

多頭市場中的「回檔」或「長線足以保護短線」的報導？等到大盤中線的線形翻空，我們從媒體上看到的是「大盤長線陷入整理」的中性報導。媒體的報導總是慢半拍，等媒體看得很壞，通常離底部不遠了。

第二，不要因股價跌幅已深而賣不下手，甚至買進。這時，我會告訴自己，在大盤跌勢初期，我對跌勢半信半疑，要不是這些股票接下來的跌幅擴大，我怎能確認它們的頭部已經形成了呢？雖然股價愈賣愈低，但我會安慰自己，先前我也有股票賣到相對高檔；雖然持股比率愈來愈低，但我不太擔心大盤重啟漲勢後會少賺，因為隨著大盤反壓逐漸降低，對行情已不必抱著太大希望。賣掉股票後，如果股價續跌，我們不能只因為有了差價或覺得股價變便宜了就回補。

有一次我聽一位做股票做得很好的阿姨談起，她在先前操作的股票由波段最高價六十五‧四元跌破近期底部五十六‧五元時出場，現在已跌到四十七‧二元，我問她有了明顯的差價，會不會考慮回補？她用台語反問

我：「股票在落，我擱去買？」

此外，如果這些做頭的股票在前一波的漲勢中相當風光，尤其爆過大量，通常籌碼已亂，表示贏家人多已出場，多頭若硬要再度拉抬，需要花上好幾倍的力氣。這個股雖然因為很多人嘗過甜頭而人氣還在，在跌下來後較可能再受青睞，但總是要等到下一波反彈或回升時，我們才知道誰是籌碼已變得穩定而且題材具吸引力的強勢股，所以在跌勢中，不如先抽回現金，到時候再伺機而動。

空頭時，少賠是多賺的開始

對於少數已經在高檔大幅減碼或新進場的法人而言，因為銀彈充足，他們不一定會等底部浮現後再部署。當他們認為「指數低檔有限」或「投資價值浮現」時，就會分批承接優質股票。但對於口袋不夠深的我們，很容易拉高持股至滿水位，因此不要以為「都跌成這樣了，還能跌到哪裡」

而進去摸底，最好是等到大盤由跌變漲才進場，因為超跌是市場的常態，谷底之下還有深坑。

在看空減碼的過程中，如果我們的持股在先前的多頭市場，幾乎未隨著大盤上漲或反彈，我們常認為「抗漲就能抗跌」，因而失去戒心。事實上，這些抗漲的股票，裡頭一定有什麼不對勁，一旦大盤轉弱，它們很容易率先破底，引來追殺賣壓。

當股價剛猛烈的拉回時，可能是一段跌勢的開始，這時，有的人會用「雖然有人賣，但也有人買」來壯膽，而沒有賣股票。但股價之所以出現長黑，就是因為賣壓比買盤強很多，這時賣方手上可能還有很多股票要賣，而且非賣不可，而買方通常只是抱著搶短的心態，不管搶不搶得成，今天的買盤很可能是明天的賣壓。此外，我們還常往好的方向想，而在線形出現賣點時沒有賣。

股價不合理是因為投資人不理性

我慢慢知道，由於以下幾個原因，跌時經常跌過頭。一、已進場的人每買必套，都賠到沒錢買股票了。二、原來觀望的人看到別人賠錢也嚇得不敢進場。三、以為股價已打底完成而進場搶反彈的人，在破底後加入追殺的行列。四、在贖回壓力下，法人連那些所謂物超所值的股票都要砍。五、媒體在頭版唱衰股市。六、融資或期指出現斷頭賣壓，助長了空頭的氣焰。

所以，這時候我不能心存僥倖，也不要抱團相互打氣要「撐下去」，而是要用台語「空頭赤焰焰，隨人顧性命」來警惕自己；先收回一些資金，這樣當拿「天生我材必有用，千金散盡還復來」自勉時，也比較有說服力，更能伺機扳回一城。

常聽人憤憤不平地說，「股價被錯殺！」他們指的是「基本面沒那麼差」。但歷史告訴我們，股市總是在極度樂觀和極度恐慌之間擺盪，在每

次不理性的大漲之後，我們總是期待市場能夠平緩地探底，但市場往往是用不理性的大跌來自我糾正。多頭走勢時，支撐就是撐，反壓不是壓，所以有的老手主張這時候要「看撐不看壓」，這樣才敢一路做多；空頭走勢時，支撐就像是紙糊的，股價才剛反彈就像撞到牆，所以有的老手主張這時候要「看壓不看撐」，這樣才敢一路做空。

當盤中股價突然猛烈地拉回時，不要只因為股價變便宜了而去買，這時通常應該賣，因為多空均勢已被打破，空頭占了上風，行情很可能續跌，如果要承接，至少要等跌勢緩和，比如說五分鐘Ｋ線拉出長下影線，最好是等跌到重要支撐，而且有守住，甚至要等築底完成後再說；同樣地，當盤中股價突然猛烈往上拉時，通常宜買不宜賣。

訴諸情勢，而不是訴諸情緒

《亞當理論》書中提到最重要的幾句話：「忘掉便宜兩個字，忘掉昂

貴兩個字，只要看螢幕上的數字就可以了。」值得一提的是，雖然在跌勢中，我們不能螳臂當車，而要有濃厚的賣股票心思，但也不是毫無根據地一路往下賣。在急跌後，如果有反彈來減碼最好，萬一沒什麼反彈，最遲要在破底後再減碼。如果我們在股價跌破重要支撐時已大幅減碼，就比較不會在隨後又大跌一段時，才因為情緒上的恐慌而去追殺。問題是一般人該怕的時候不怕，不該怕的時候卻告訴自己，「把股票賣一賣，當作沒發生過這件事。」

例如，民國一○○年八月五日，台股因美債風暴大跌四六四點，隨後兩個交易日，最多曾又跌了七○五點，最低跌到七一四八點，但我們可以避開這次急跌（見 P.339 附圖）。因為在這次急跌之前，台股已自民國九十七年十一月的三九五五點上漲到一○○年二月的九二二○點，大漲了五二六五點，隨後指數沿著六十日線上下盤整；在一○○年六月十三日跌破六十日線後，指數再也站不回六十日線，而六十日線的角度緊接著轉而呈

現下跌的趨勢，原先的多頭趨勢很可能改變，持股已不宜太多；等一〇〇

年八月四日，指數以中長黑跌破近期沿著六十日線上下盤整的八四一〇點

低點，也是一個明確的賣點。隔天，才出現那根四六四點的長黑。

有的人不但沒有在八月五日之前減碼，在八月五日當天指數以長黑摜

破頸線所在的八〇七〇點時也沒減碼（見 P.352 附圖），卻在兩個交易日

後因為恐慌，於八月九日殺在波段低點七一四八點附近，錯過了接下來七

〇〇多點的反彈行情。

無數操盤手向傑西‧李佛摩學習金融操作所須秉持的態度、反應及感

受。《上億資金怎麼玩？》這本書這樣形容李佛摩的境界：「李佛摩沒有嚴

格規定什麼時候應該出光虧損的部位，卻認為賣出時機要看一檔股票和市

場的感覺而定。然而，他是罕見的直覺型天才交易者，不受所持有部位過

多的基本面知識影響。因此，跟把股票過度合理化的我們相比，李佛摩思

考時比我們大部分人有彈性，他堅決相信應該持有呈現明確長期上升趨勢

的強勢股，只要他做多的股票走軟他就出脫。」

我看線時有時看到一些短、中、長期均線已呈空頭排列的個股，不禁會想，這些個股的持有者如果先前是在均線大多頭排列時進場的，要耗費多少青春才能解套啊？有別於藝術品或房地產，股票容易變現而且賣掉後不難再買個一模一樣的回來，因此，我們在交易時更不應該拖泥帶水。問題在於一般人每年進出股票的次數屈指可數，在應該殺股票時，身手已經生鏽，而動彈不得。所以，即使在行情不好時，我們也要小量進出來培養手感，讓下單像喝水那般自然。

第21課 在跌勢中，先賣先贏

輸家在行情翻空時總有各式各樣不賣股票的理由，

所以長期住套房

贏家做股票像住旅店，該退房時不留戀

趨勢向上時，投資人最重要的是要有爆發力；趨勢向下時，投資人最重要的是要保留實力。當行情直直落，持股比率如果一直居高不下，任誰也無力招架，這樣的堅持便成了偏執；反之，如果能在落居下風時收回一部分資金，日後才能進場撿便宜。

以前，在盤中看出情況不對，我如臨大敵般地緊盯著報價螢幕，心臟

像要跳出來，大腦一直叫我「趕快賣」，我從第一支持股掃描到最後一支持股，又從最後一支持股掃描回到第一支持股，因為不知道要賣哪一支，所以一張都沒賣。

就在拿不定主意之際，看到情況不對的人更多了，紛紛加入賣方的行列。等跌勢加快，我又忙著計算「現在已賠了多少錢」、「如果早賣掉可以少賠多少錢」，心亂如麻，只能祈禱股票趕快漲回原本我想賣的價位，好讓自己得到救贖，但市場總是不會那麼仁慈。

《史記》：當斷不斷，反受其亂

有時，當指標股或手上的持股即將跌停，我的焦點全集中在該股，我祈禱它能有轉機；等該股跌停鎖住，我又寄望它能趕快打開跌停。就在我密切注意它的跌停掛出張數是否減少的同時，手上的其他股票像互相傳染一樣，一支接著一支大跌。

此外，我們在該有所作為時卻袖手旁觀，還包括以下幾種常見的情況。

1. 大盤一開盤就趴下。我們看不下去或不敢看，索性跟著趴在桌上。甚至，只要前一晚美股大跌，還沒開盤，有的人對當日的台股就「隨它去」。

2. 大盤跌深反彈，我們的持股卻逆勢下跌。我們覺得很洩氣，也不去思考是否該減碼這些弱勢股。

3. 股票一買就套。即使是還有賺的股票，如果我們在相對高檔想賣而沒賣，往往再下滑二、三個百分點，我們就賣不下去了，尤其當股票快跌停時。甚至，我們意識到波段跌勢似乎才正要開始，竟還想等到下一波漲勢來臨再賣。

4. 在主要持股跌停賣不掉或大跌一段後。我們因為覺得「賠那麼多都在賠了」，已沒有心思去管其他小部位持股的死活。

5. 開盤前我們的持股出現大利空。我們嚇呆了，也不去思考是否該在

開盤前用低價先殺出一部分，以至於如果股價一開盤就暴跌，我們常來不及因應。

6. 陷在冷門股裡。我們雖然想要賣，但從「上下五檔委買委賣」的資訊中一看，買盤掛在目前成交價之下的好幾檔，掛的量也只有幾張，我們一殺就把價位殺下去了，乾脆不賣。但往往你不賣，別人也會賣。

後悔＋期待＝一連串錯誤

我們常在買進股票後就等著它上漲，習慣往上賣或有賺才賣；一旦賠錢，我們就繼續觀望，甚至索性去做別的事來轉移注意力，眼不見為淨，或以為過一會兒回來，情況就會好轉。

一位朋友回想起他股票套牢的過程。他說：「一買就賺了一些」，等大幅加碼後，股價卻下跌。有時急跌幾元，我很緊張；接下來又反彈一元，

我又放心了。突然市場或手上的股票傳出大利空，股價應聲大跌。只要跌幅超過兩成，因為不賣了，所以就不看它的股價；不看之後就完了。」

除了成本觀念作祟，在跌勢中，我們不賣股票的理由，常是因為我們往好的方向想，比如說想到這家公司現金殖利率有多高、每股淨值遠高於市價、擁有價值不菲的土地、今年以來每股已賺了多少元……。然而，這些事全世界都早就知道。

此外，我們該賣而不賣的理由，還包括我們認為政府會護盤，或告訴自己「不缺錢」、「要做長線」、「等跌更低再加碼攤平」、「雖然有人賣，但也有人買」，以及我們想等跌勢更確立再賣，或想等股價反彈上來再賣。

市場的變化太快，投資人的反應太慢

有時，指數突然暴跌六百點並跌破六十日線，很多人都在問，「有什麼消息？」但跌都跌了，要如何因應才重要。因大家對原先的多頭行情依

然戀戀難捨，隨後反彈時，大家的精神為之一振，雖然反彈的幅度連跌幅的一半都不到，指數站不回（穩）六十日線，大家又開始一片看好之聲，但股價總是又破底。

奇怪的是，在行情醞釀止跌回升的關鍵點，當盤中略有起色，我愈是期待「如果能這樣收盤該有多好」，結果殺盤的機率愈高。我想，我當時的期待正反映了潛意識中的恐懼，而且，自己的期待和恐懼也正是一般投資大眾的期待和恐懼；然而，來自大咖的賣壓卻總是傾巢而出，硬生生澆熄了多頭反撲的氣焰，讓大家「一致的期望」化為「一致的失望」。

對我而言，股票下跌的過程就是一段段後悔的歷程。我責怪自己怎麼會鬼迷心竅買進這些賠錢貨，責怪這些公司為什麼不護盤，責怪那些還在倒股票的法人「太超過」，更自責先前為什麼一再錯過逃命的機會？我並沒有減碼，以致情況愈來愈惡化。股價跌愈深，我愈難抉擇，賣也不是，不賣也不是。

有一次，我向一位前輩訴苦，他劈頭就說，「股票又不是你的情人，幹麼緊抱不放？」這番話乍聽之下非常刺耳，卻十分受用。的確，雖然我不能改變外在環境，但我可以逃啊，又沒人規定一定要做多；我也不必再後悔先前有高價為什麼不賣或甚至還去追高，那是因為當時的市場氣氛讓我心思偏多，再重來一次，我還是會這麼做，現在我只須盡快做調整。

被套，然後等著解套？

我慢慢體會到，長線操作者的最大迷思是「買對了何必要賣」，但即使是競爭力獨步全球的台積電，從天價六八八元到跌破四五〇元只花五個多月；而短中線操作者的最大迷思是「逢反彈減碼」，卻往往等不到像樣的反彈，股價又急跌。空頭時，不管是長線或短中線操作者，最大的感慨都是「沒想到會跌這麼急、這麼深」。

有的人當持股持續大跌幾天後急著問人家，「如果要做頭，是否會再

彈，會不反彈一直跌嗎？」但人曉得！受夠了空頭市場的折磨，我學習改變自己的心態，從以前側重於進攻，嘗試快速回防。在看出不對勁時，我一改從前「再等一下」的習性，不再等股價反彈到某個價位再賣，因為即使反彈到那個價位，還會再等更高價，而是強迫自己在看空時，在當時的價位先賣一部分。雖然，我也會在心目中理想的反彈價位掛出一部分，不過會存有「這很可能賣不掉」的心理準備，以免一廂情願。

比如說，股價剛跌破重要支撐，如果我在第一時間來不及減碼，我不會等股價彈回支撐附近再賣，我先在目前的價位賣一些，然後在剛跌破支撐的下一檔再掛出一些。因為股價不一定能彈回支撐，所以我在該支撐下一檔所掛出的股票，占我持有該股票的比率不會太高，以便手上有多餘的股票可以視情況機動地減碼。

根據我的觀察，股價跌破重要支撐後，由於很多人都準備在股價彈回支撐時賣股票，所以有時眼看股價就快彈回原來的支撐，卻在這之前的幾

檔就舉步維艱，這時，我也會考慮把掛著等的股票改價出脫。

以前跌幅七％時，我最不習慣在跌停價殺股票，後來卻正好相反。由於我看盤時要兼顧很多資訊，不可能隨時注意到每一支持股每一個股價的跳動，但是當某支持股出現跌停板的符號時，卻強烈吸引我的視線，也最能讓我下決心出脫，尤其當該股剛開始大跌而且領先其他股票跌停時。

「再等一下」是兵家大忌

即使行情跌得再凶，也不曾像民國七十七年證所稅事件時，想賣也賣不掉。我做不到股市崩於前仍面不改色，但我盡人事。就算在民國九十三年總統選舉揭曉後的第一個交易日股市重挫，當時我滿手股票，但並沒有放棄，我在開盤前先用跌停價掛出一些股票，開盤後還是有一部分成交，我用回收的資金轉進那些在跌停板附近有強力接手的股票，雖然少賠的金額聊勝於無，卻激發了我的鬥志。

我體會到，重要的是我們在比賽時的態度。當行情跌跌不休，如果我們只是坐困愁城，也跌掉了對自己的信心。因此，我訓練自己，即使心情很差，也要打起精神，做一些賣出或換股的動作，讓自己覺得並非毫無招架之力；但這些交易不是出於一時的衝動，而是經過合理地評估。動起來後，不僅腦筋愈用愈靈光，那種腎上腺素激增的快感，比起多頭行情時不遑多讓，鼓舞我拾回再戰的勇氣。

萬事起頭難　有一就有二

跌勢時能賣一張是一張，先起個頭賣出一些，自然而然會產生一股賣股的「拉力」，然後一筆接著一筆，愈賣愈順手；而且，在全神貫注思考要怎麼做之際，就沒時間後悔或胡思亂想了。我發現在股市，最令人焦躁的不是「已經賠多少」，而是「還要賠多少」；最怕的不是殺跌停，而是股票跌不停。如果沒有認賠，錯誤的感覺會如影隨形纏著我；但如果明顯

減碼，一想到「明天再大跌，也會少賠很多」，我如釋重負。

從「捨不得賣股票」到「知道要賣股票」只是一個開頭，更難的是如何在跌勢初期就大賣股票。在功力未臻成熟前，退而求其次，我們可以採取分批出貨的方式，來幫助自己下決定。如果減碼後股價漲上來，我們還有股票；如果減碼後股價持續向下，我們還有資金。何況，如果大盤沒想像中差，我們賣掉手中的持股後，還可以伺機轉入更強勢的股票。

每次大跌，當我分批出貨，我會注意「還持有多少股票」，但更在意「已抽回多少資金」，把以往「已賠了多少錢」的思惟，變成比較正面的「少賠了多少錢」。抽回了大約七、八成的資金，我的心思不再一面倒地期盼股票上漲，因為如果指數又持續下跌一成，我的整體資金縮水很可能不會超過五％，等於賺到了指數。我覺得人的心理很奇怪，和大盤的走勢相比，我在跌勢中少賠很多錢時的心情，甚至比在漲勢中少賺很多錢時好很多。

79

96/10
9859
97/5
9309
100/2
9220
99/1
8395
新
95/5
7476
93/3
7135
91/4
6484
97/1
7384
8070
99/5
7032
92/1
5141
100/12
6609
95/7
6232
94/4
5565
93/8
5255
97/11
3955
新
92/4
4044
91/10
3845
90/9
3411

14000
13000
12000
11000
10000
9000
8000
7000
6000
5500
5000
4500
4000
3750
3500
3250
3000
2750
2500
2250
2000
1750

96/7
50316

93/3
37609
97/4
33651
98/5
35070
91/1
33542
92/7
29463
99/1
30415
99/12
31548
100/8
30189
95/5
27960
92/1
21098
98/1
8630
24000
16000
8000
90/9
6672

101/07/31

91 92 93 94 95 96 97 98 99 100 101

看事情的高度要夠，才能下重手

我還用長期以來的月線讓自己的視野更寬廣，以研判大盤目前大抵上是處於長線的相對高檔或相對低檔。台股指數自民國七十一年八月的四二一點漲至七十九年二月的一二六八二點，在七年多漲了一萬二千多點，再跌到同年十月的二四八五點，在八個月跌了一萬多點；然後漲到民國八十九年的一〇三九三點，在九年多漲了近八千點，又跌到民國九十年的三四一一點，在一年七個月跌掉近七千點（見 P.352 附圖）。

接下來，指數從三四一一點漲到民國九十六年的九八五九點，六年多漲了六千四百多點，隨後跌到民國九十七年十一月的三九五五點，在十三個月內跌了近六千點；然後上漲到九二二〇點，在兩年兩個多月，漲了五千二百多點。

從中，我們可以歸納出三點：

第一，先前漲得愈多，回跌時也跌得愈多；先前跌得愈多，回升時也

漲得愈多。像民國七十九年在漲了一萬二千點後，回跌了一萬多點；而民國八十九年在漲了近八千點後，回跌了近七千點；民國九十七年指數大跌近六千點後，回升了五千二百點。

第二，相對於漲勢的時間很長，跌勢的時間顯得比較短。雖然市場經過相當時日的榮景才走入蕭條，我們很難期待它能很快地走出困境；但就台股的歷史經驗來說，跌勢比漲勢來得凶猛，日K線大跌的機率比大漲的機率還高，而且更容易密集地出現，這相當符合「破壞比建設容易」的道理。

所以說「會賣股票才是師傅」，做股票最重要是「活著」。倘若我們在相對短暫的暴跌期間內，損失不要太慘重，在接下來的多頭行情中，即使其漲幅不能填補先前的跌幅，但因為漲升期間拉長了，只要我們懂得換股操作，或同一支個股來回操作，卻可以賺回比前一波虧損還多很多的錢。

第三，在民國一○○年之前，指數的波段低點愈來愈高，波段高點愈

來愈低。指數從早期萬點的漲幅和跌幅慢慢縮小，但波動幅度在近幾年也

還有五六千點。指數低點從二四八五點、三四一一點、三九五五點，逐漸

提高；指數高點從一二六八二點、一○三九三點、九八五九點，逐漸降低

到九二二○點。大盤的下檔支撐是連接二四八五點和三四一一點的長期上

升趨勢線，在民國九十六年十月起的跌勢中，指數小幅跌破這條線，跌到

三九五五點。此後，我們可改以連接二四八五點和三九五五點作為長期上

升趨勢線。大盤的上檔壓力是連接一二六八二點和一○三九三點的長期下

降趨勢線，在民國九十七年十一月起的漲勢中，指數漲抵九八五九點，小

幅升破這條線。此後，我們可改以連接一二六八二點和九八五九點作為長

期下降趨勢線。

攻守有據，才能走得遠

月線讓我們視野寬廣，日線讓我們看清細部。我們可以用長期上升趨

勢線、長期下降趨勢線以及長線高點、長線低點，來界定指數的長線高檔和長線低檔，再配合指數的短中線趨勢，來評估市場適合做多或做空的程度。當大盤處於相對高檔，比如說接近長期下降趨勢線，如果在漲勢中，雖然還是可以做多，但是當轉為跌勢時，要超級保守；當大盤處於相對低檔，比如說接近長期上升趨勢線，如果在跌勢中，雖然未必不能看空，但是當轉為漲勢時，要超級樂觀。

趨勢線是一種超前部署的概念，突破下降趨勢線，意味著趨勢可能翻多，可以先買一些，等突破波段高點再考慮加碼；跌破上升趨勢線，意味著趨勢可能翻空，可以先賣一些，等跌破波段低點再考慮減碼。

民國一○四年指數先後突破了連接一二六八二點和九八五九點的下降趨勢線，以及先前的高點九八五九點，最高來到一○○一四點，打破之前波段高點愈來愈低的趨勢，拉回七二○三點後，漲到民國一○九年初的一二一九七點；而波段低點則仍舊愈墊愈高，從民國一○○年底的六六○九

點到民國一○四年的七二○三點，到民國一○九年三月疫情發生時的八五

二三點。顯然，長線走勢愈來愈強。（見 P.360 附圖）

民國一○九年七月指數突破一二一九七的波段高點，大行情呼之欲

出；等指數突破並站穩歷史天價一二六八二點，台股邁入新的里程碑，我

們不能被框住，因為突破愈長天期的反壓，反壓變成支撐的力道愈強，這

時看似追高，實為抄底。

就像在漲勢中，率先突破歷史天價的個股，甚至只要突破還原權息值

的歷史天價，只要股價不要背離基本面太遠，都還可以追漲。雖然「漲多

就是最大的利空」，但能突破歷史天價，尤其當強勢突破，就指數而言，意

味著市場背後一定有很深的內容，就個股而言，這可能有超乎想像的利多。

結果，指數漲到一八六一九點，從八五二三點起算，一年十個月大漲

了一○○九六點，然後回跌尋求支撐。以月線圖的高低點來看，下檔支撐

依序看一二六八二點和一二一九七點等的支撐；以月線圖的趨勢線來看，

下檔支撐爲連接三九五五點到八五二三點的上升趨勢線，更長線的支撐是連接七二〇三點到八五二三點的上升趨勢線。隨後指數於一二六二九點得到支撐，我們可連接一二六二九點和八五二三點作爲修正後上升趨勢線。

量 11570.31 億 -318.55 (-2.37%)

資料來源：XQ 全球贏家

第22課 從現貨到期貨

輸家認為做期貨風險很高

贏家做期貨來避險並套利

我在資金愈滾愈大後，持股家數愈買愈多，戰線拉得太廣，但做股票必須洞燭機先或至少要反應及時才有錢賺，通常在跌勢時我的損失比率最高的是來自於持股較少的部位，因為它們常被我冷落在一邊。當我無法做那麼多功課也無法即時就盤勢做出因應，我除了減少持股家數，將核心持股縮減至五、六支，也縮減現貨的操作規模，在民國九十七年初，挪出一部分資金做台指期和摩台。

一般人對做期貨的刻板印象是風險很高，但風險高是來自於槓桿玩太大，如果做好資金控管，玩期指時至少留一半資金以備不時之需，有兩口糧只吃一口飯；玩股票期貨時，最理想的保證金要確保萬一當日漲停或跌停時不會被斷頭，那麼台指期、富台和股票期貨多出來的交易時間反而可以避險。

比如說，多頭走勢的反轉訊號之一，就是指數在大漲一段後，日K線出現長黑或長上影線，但即使盤中出現這樣的訊號，我們經常期望尾盤指數會拉上去，而沒有出股票。萬一收盤後，指數收在低點，線型確定轉弱，我們已不能在現貨市場賣股票，而盤後交易又不易成交，卻可以在台指期和股票期貨多出來的十五分鐘或台指期的夜盤，放空避險。反之，我們可以在現貨收盤後，藉由買進台指期和股票期貨來增加持股部位。為了應付突發狀況來做多或做空，要多留一些可用的保證金。

不要去賭一個輸贏各半的波動

在現貨市場，即使後來當沖證交稅減半，我還是很佩服能賺到錢而不是幫券商打工的當沖客。剛介入期貨市場時，因為進出的成本低很多，我不禁手癢，連幾點的差價也不放過，卻從這裡賺了幾點又從那裡賠了回去，覺得自己像陀螺來回打轉。我很快體會到，大多數時間指數超短線的波動就像擲銅板，是在碰運氣，無法掌握，即使要搶短，也要有所依據，例如五分鐘走勢圖出現買賣點。

五分鐘K線的判別原則大致上和日K線是一樣的。舉例來說，對照於日K線大漲一段後出現長黑，常是短線賣點，五分鐘K線大漲一段後出現長黑，也是超短線的賣點。但事實上，我很快體驗出《股票作手回憶錄》中所說的，「要不是他們（空中交易號子的主管）拒絕接受我的生意，我絕對不會停止和他們交易。那麼我除了玩幾點的震盪之外，絕對不會知道股票投機遊戲還有這麼多東西可學」，只會搶短就把自己給限制住了，還

會因只注意到超短線波動而忽略大方向，我後來在期貨市場賺的錢，一如在現貨市場，大多是留倉部位賺的。

在股票期貨上市之前我只能玩期指，台指期很難找到明顯的比較對象，而且，我還喜歡追逐率先漲停的股票，偏偏期指幾乎不可能漲停；但玩期指讓我不必擔心占權值不大的上市公司突發的重大消息，而且，因為較不容易被人為炒作和騙線，指數的技術分析穩定性比個股還高。

玩期指比玩個股較不會帶感情

進出期指不但交易成本相對低很多而且省了融資利息，也讓我在修正多空部位時，更能果斷出手，而且市場的胃納夠大，容許我大手筆進出。

當我把部分資金轉戰期市不久，碰到了金融風暴，我在現貨市場一如以往，大概賠了投入資金的三成，但在期貨的部分，同樣是偏多操作，卻由於進出靈活，只是小賠而已。雖然在期市第一年還是小賠，但我很高興找

到了不同於現貨的新玩法，就像回到了最初的起點。

玩期指的另一個迷人之處是有結算日。主人遛狗，狗即興地繞前繞後，主人甚至被狗的節奏帶著走，但狗終究要折返到主人旁，期貨價是狗，標的的現貨價是主人。結算日讓投資人不管賺賠，在平倉後重新開始。在結算前一刻，有的短線客會根據台積電掛進掛出的張數，來搶台指期或富台期的差價；但這只能練身手，真正能讓人賺大錢的是在股市大漲或大跌時。有時在大跌後，期指的正價差偶爾會大得非常離譜，提供了進場的誘因。

例如，我自民國九十七年初跨入期市不久，碰到大盤走長空，期指一路出現逆價差，我想，這不足為奇，因為後市看跌；但令人驚訝的是，在民國九十八年一月至二月的整理期間，逆價差除以期指的幅度依舊可觀，動輒超過一％，有時甚至超過二％，這表示如果到結算日前指數不漲也不跌，那現在買進期指有一％～二％的套利空間。

期指交易在大跌後可能沒效率

更誇張的是，民國九十八年三月四日，指數用長紅強勢站上六十日線，而且六十日線的角度剛止跌翻揚，短中線出現翻多的訊號（見 P.276 附圖），三月台指期收在四五一一點，四月台指期收在四四五七點，在沒有重量級權值股跌停打不開、而且離除權息也還很早的情形下，逆價差除以四月台指期的幅度高達一‧八九％。

隔天，指數收在四六三七點，進一步突破近期盤整的四六〇七高點，漲勢更加確認，當天三月台指期收在四五九七點，四月台指期收在四五四五點，逆價差除以四月台指期的幅度更高達二％；三月六日，逆價差除以四月台指期的幅度爲一‧七四％。

很顯然地，這幾天四月台指期的報價很離譜，沒出現正價差就算了，折價幅度竟還那麼高。我想，這可能是由於先前跌到大家都怕了，每個月的期指剛開始報價，都是出現逆價差，而且愈遠天期的逆價差愈大，等行

情轉個彎，大家的想法一時還轉不過來。

如果我們根據技術分析而在三月四日或五日的尾盤作多四月台指期，等到四月十五日用五八六〇點結算，在二十幾個交易日內的獲利幅度，分別高達三一・四七％和二八・九％。雖然當初買進時的折價幅度各只有一・八九％和二・二％，相對於整體獲利所占的比率並不高，卻提供了很大的買進誘因。

注意期指折價幅度大而且短線將走多的時機

雖然在現貨市場，我們有時也會強烈地覺得股票的報價被高估或被低估，但這只是憑感覺，不像在期貨市場，我們可以用百分比來精確地量化折價或溢價的幅度有多少，讓我們買賣起來更篤定。

其實，做期貨最好賺的時刻之一是，當期指和現貨之間出現不小的逆價差，而且市場短線即將走多。這時，如果我們作多期指，不僅能賺到逆

價差的錢，還能賺到指數上漲的差價，甚至有時還能賺到期指轉而出現正價差的錢；或是，當期指和大盤之間出現不小的正價差，而且市場短中線即將走空時，這時，如果我們放空期指，不僅能賺到正價差的錢，還能賺到指數下跌的差價，甚至有時還能賺到期指轉而出現逆價差的錢。

我原本以為市場走多時，通常期貨指數會出現正價差，但在民國九十八年三月五日之後，市場正式翻多，但直到民國九十八年底，我卻發現，除非是當天重量級權值股漲停叫進，否則大多數時間期貨指數還是出現小幅的逆價差。

期貨多出來的交易時間，能讓我們從容布局

台指期晚盤主要受到美股為主的國際盤和台積電ＡＤＲ（美國存託憑證）的影響。以前，當我在晚盤看到小道瓊期指或美股大跌，而自己滿手台股，心中很不安卻使不上力；玩期指後，如果預期當晚美股跌幅還會擴

大，而台積電ＡＤＲ也會隨之下跌，我不但放空台指期來降低多頭部位，甚至放空小道瓊。經過實戰印證，我發現同樣一套技術分析也可以用來操作美股，比如說，民國九十七年的跌深反彈，美股和台股先後都受制於六十日線的反壓。

有時在台股現貨當日大跌後，下午盤即使美股更弱勢，盤後市場也無重大消息，而台積電ＡＤＲ也尚未盤前報價，台指期卻上漲。這可能意味很多大咖認為台股已超跌，所以在期貨市場補多頭倉，通常這是短線觸底的訊號。

例如民國一一〇年一月二十九日，台股下跌二七七點，收一五一三八點，三月台指期下跌三一三點，收一四九九八點。台指期上午盤收盤後，美股期指未見起色，三大法人．如預期出現三八五億元大賣超，市場亦無重大消息，三月台指期下午盤開盤後卻一路走高至一五一五七點；即使後來在小道瓊從台指期上午盤收盤時跌不到二百點擴大到跌超過六百點，三月

台指期卻相對抗跌，只小跌至一四九六八點，晚盤收一五〇五七點。隔一交易日台股開盤前，美股無重大變化，台股早盤小跌到一五〇八九點後，展開另一波行情。此外，如果台股相對美股抗跌，而且美股又留長下影線，那對台股更好，這表示美股短底可能浮現，不會拖台股後腿。

期貨不只可用來操作，還可以理財

我曾在民國一〇二年一月聽理專的建議，大額買進某澳幣高收益債。

買前雖然也想到匯兌風險，但想說它百分之八的年利息收入至少可以抵銷匯兌風險，沒想到澳幣從剛購買時一兌一．〇四美元遽跌，跌了一成左右，我受不了了，因為沒有澳幣兌台幣的期貨，我放空約當等量的澳幣對美元避險，並在股市熱絡時分批贖回高收益債並轉進股市；後來澳幣從未回升到我第一次放空時的價位，並一度跌破一澳幣兌〇．六美元。

另外，我曾在民國九十一年買進一些黃金條塊，有的存在黃金存摺，

投資黃金的缺點是沒有利息收入，優點是發生戰爭或疫情等災難時，避險熱錢會推升金價，可以在帳面上貼補我在股市的損失。後來在股市行情好、資金不夠用時，因為持續看好黃金的長期走勢，我賣掉黃金條塊，用小額的保證金買進等值的黃金期貨。

在只做現股時，每次放假前一天的收盤後總覺得意猶未盡，尤其放年假，我更是頓失重心。兼做期指後，即使台股放長假，還有摩台或之後的富台可以操作，又找到了戰場。而且，因為有期指可以避險，以往擔心的「要不要抱股過年」，也不再是人問題。甚至像民國一○九年春節期間疫情爆發，或民國一一一年春節期間俄烏情勢緊張，還可以做多黃金期貨來短線避險，而黃金期貨的技術分析和股票是一樣的。

投資贏家系列 66

書　名／股市大贏家II 贏在修正　不在預測（10年暢銷增修版）

作　　者／陳進郎
責任編輯／陳怡甄
校　　對／毛立華
封面設計／ＦＥ設計工作室
內文排版／天翼電腦排版印刷股份有限公司
企畫主任／朱安棋、林苡蓁
印　　務／詹夏深
社　　長／謝春滿
發 行 人／梁永煌
出 版 者／今周刊出版社股份有限公司
地　　址／台北市中山區南京東路一段96號8樓
電　　話／886-2-2581-6196
傳　　真／886-2-2531-6438
讀者專線／886-2-2581-6196轉1
劃撥帳號／19865054
戶　　名／今周刊出版社股份有限公司
網　　址／http://www.businesstoday.com.tw
總 經 銷／大和書報股份有限公司
製版印刷／科樂印刷股份有限公司
二版一刷／二〇二三年一月
二版二刷／二〇二四年五月
定　　價／四二〇元

版權所有・翻印必究
Printed in Taiwan
ISBN 978-626-7014-98-1

國家圖書館出版品預行編目資料

股市大贏家. II, 贏在修正　不在預測／陳進郎作. --二版. --臺北
市：今周刊出版社股份有限公司, 2023.01
　　面；　公分. --（投資贏家系列；66）
　　ISBN 978-626-7014-98-1（平裝）

1. CST：股票投資　2. CST：投資技術　3. CST：投資分析

563.53　　　　　　　　　　　　　　　　　　111020247